gestão estratégica e inteligência na segurança privada

gestão estratégica e inteligência na segurança privada

Raphael Tomaz

Rua Clara Vendramin, 58
Mossunguê . CEP 81200-170
Curitiba . PR . Brasil
Fone: (41) 2106-4170
www.intersaberes.com
editora@intersaberes.com

■ Conselho editorial
Dr. Alexandre Coutinho Pagliarini
Dr.ª Elena Godoy
M.ª Maria Lúcia Prado Sabatella
Dr. Neri dos Santos

■ Editora-chefe
Lindsay Azambuja

■ Gerente editorial
Ariadne Nunes Wenger

■ Assistente editorial
Daniela Viroli Pereira Pinto

■ Preparação de originais
Tiago Krelling Marinaska

■ Edição de texto
Caroline Rabelo Gomes
Palavra do Editor

■ Projeto gráfico
Raphael Bernadelli

■ Capa
Charles L. da Silva (*design*)
issaro prakalung/Shutterstock (imagem)

■ Diagramação
Carolina Perazzoli

■ *Designer* responsável
Charles L. da Silva

■ Iconografia
Maria Elisa Sonda
Regina Claudia Cruz Prestes

Dados Internacionais de Catalogação na Publicação (CIP)
(Câmara Brasileira do Livro, SP, Brasil)

Tomaz, Raphael
    Gestão estratégica e inteligência na segurança privada /
Raphael Tomaz. -- Curitiba : Editora Intersaberes, 2023.

    Inclui bibliografia
    ISBN 978-65-5517-278-2

    1. Computadores – Medidas de segurança 2. Inteligência competitiva (Administração) 3. Planejamento estratégico 4. Proteção de dados 5. Serviços de segurança privada – Brasil 6. Serviços de segurança privada – Legislação – Brasil 7. Sistemas de informação gerencial – Medidas de segurança I. Título.

12-90173   CDD-363.289068

Índice para catálogo sistemático:
1. Gestão estratégica : Inteligência competitiva :
Serviços de segurança privada 363.289068
Cibele Maria Dias – Bibliotecária – CRB-8/9427

1ª edição, 2023.

Foi feito o depósito legal.

Informamos que é de inteira responsabilidade do autor a emissão de conceitos.

Nenhuma parte desta publicação poderá ser reproduzida por qualquer meio ou forma sem a prévia autorização da Editora InterSaberes.

A violação dos direitos autorais é crime estabelecido na Lei n. 9.610/1998 e punido pelo art. 184 do Código Penal.

apresentação 9

como aproveitar ao máximo este livro 13

Capítulo 1 Segurança da informação - 17

1.1 Conceito de informação e sua relevância para o ambiente organizacional - 19

1.2 História da atividade de segurança das informações no mundo e no Brasil - 22

1.3 O advento do conceito de segurança da informação no mundo empresarial - 29

1.4 Inteligência competitiva e sua influência na segurança da informação - 35

sumário

Capítulo 2 **A inteligência e a contrainteligência como elementos estratégicos - 63**

2.1 Conceito de inteligência - 64
2.2 Órgãos de inteligência no Brasil e no mundo - 68
2.3 Inteligência e contrainteligência organizacionais - 86

Capítulo 3 **Segurança física, lógica e ambiental - 105**

3.1 Técnicas e ferramentas da qualidade - 106
3.2 Controles em segurança - 121
3.3 Relação entre segurança física, lógica e ambiental - 134
3.4 Considerações acerca da segurança física, lógica e ambiental - 142
3.5 Políticas de segurança da informação - 146

Capítulo 4 **Contrainteligência - 153**

4.1 A atividade de contrainteligência - 154
4.2 Técnicas de contrainteligência - 172

Capítulo 5 **Falsificação e alteração de documentos - 195**

5.1 Falsificação e alteração - 196
5.2 Particularidades da falsificação e da alteração de documentos - 203
5.3 Inteligência criminal - 221

Capítulo 6 **Aspectos jurídicos e legislação da segurança das informações, crimes virtuais e computação forense - 245**

6.1 União Europeia e o Regulamento 2016/679 - 246
6.2 Marco Civil da Internet - 257
6.3 Crimes virtuais - 267
6.4 Computação forense - 277

considerações finais 291
referências 293
sobre o autor 305

A adoção de sistemas de segurança de dados e informações é uma iniciativa essencial para evitar acessos não autorizados a redes e computadores e, desse modo, assegurar a integridade, a disponibilidade, a autenticidade e a confidencialidade de dados sensíveis. Por meio dessa precaução, organizações e profissionais das mais diversas áreas visam minimizar a probabilidade de que seus sistemas, suas informações ou seus dados sejam danificados, roubados ou destruídos.

Nesse contexto, o cuidado com os dados da empresa de segurança é fundamental, pois os sistemas computadorizados de organizações dessa natureza contam com planilhas de controle que indicam a quantidade de armas, munições e itens balísticos de que dispõem, bem como a localização desses materiais, permitindo a criminosos acesso fácil a eles. Obviamente, essa situação é só um entre os vários exemplos que poderiam ser citados, pois as empresas têm de preservar igualmente seus dados bancários, documentais e de recursos humanos. No que diz respeito à legislação que regulamenta a segurança privada, só são permitidas às empresas desse setor as atividades de

apresentação

vigilância patrimonial, transporte de valores, escolta armada e segurança pessoal. Portanto, a essas organizações não são franqueadas atividades empresariais referentes à proteção de dados.

Nesse sentido, qualquer processo de gerenciamento de dados precisa resguardar quatro elementos básicos relativos à proteção de informações: **autenticidade** (informações não modificadas ao longo do processo e com fonte anunciada); **confidencialidade** (acesso a informações garantido apenas a agentes autorizados); **disponibilidade** (dados disponíveis para utilização legítima); e **integridade** (garantia do resguardo das características originais da informação, mesmo quando editável).

A garantia desses quatro fatores pode ser envidada por meio de controles de segurança **físicos, lógicos** e **ambientais**. Os primeiros asseguram que somente pessoas autorizadas podem acessar a infraestrutura física em que se armazenam os dados; representam uma parte importante da segurança privada, especialmente no que se refere ao uso de *softwares* de controle de acesso para proteger os dados, preservando o cliente e seus visitantes. Os segundos, por sua vez, são os programas (protocolos, *firewalls*, criptografia) responsáveis por restringir o acesso não autorizado aos dados, entre outros itens. Já os terceiros dizem respeito às políticas e às medidas de segurança criadas pelas empresas, às recomendações feitas, entre outras iniciativas.

É importante mencionar que tratar da segurança das informações não é um esforço relevante apenas para as organizações – é relevante também para os Estados, que precisam desenvolver medidas protetivas para resguardar os interesses nacionais. Tal dinâmica deu origem às atividades de inteligência e contrainteligência estatal, indispensáveis para afiançar que os interesses dos cidadãos e, principalmente, do Estado sejam alcançados. Esses são alguns dos motivos da existência de agências de inteligência ao redor do mundo. Entre outras atribuições, esses órgãos destacam-se pela busca da proteção de dados sensíveis, que são aquelas informações de grande interesse das nações.

Ao longo desta obra, os temas abordados evidenciarão, por si sós, a relevância do tema em estudo. Serão examinados tópicos como conceito e doutrina de inteligência competitiva e sua relação com a segurança da informação; história da atividade de segurança das informações no mundo e no Brasil; órgãos (agências) de inteligência no mundo e no Brasil, atividades de inteligência e contrainteligência empresarial, segurança física, lógica e ambiental, contraespionagem – técnicas e tecnologias (desinformação e contrainformação); falsificação e adulteração de documentos; inteligência criminal; aspectos jurídicos e legislação da segurança das informações; crimes virtuais; e computação forense.

Tratar da segurança das informações é uma tarefa complexa, que requer a observância de uma série de elementos que podem culminar no sucesso ou no fracasso das organizações. Diante desse desafio, sugerimos que você se aprofunde ainda mais nas temáticas contempladas nesta obra: além das leituras sugeridas, busque mais informações sobre o assunto em artigos, livros e outros trabalhos científicos da área. Dessa maneira, você conseguirá aprender ainda mais sobre os conteúdos abordados, contribuindo para seu desenvolvimento pessoal e profissional e da própria área. Bons estudos.

Este livro traz alguns recursos que visam enriquecer seu aprendizado, facilitar a compreensão dos conteúdos e tornar a leitura mais dinâmica. São ferramentas projetadas de acordo com a natureza dos temas que vamos examinar. Veja a seguir como esses recursos se encontram distribuídos no decorrer desta obra.

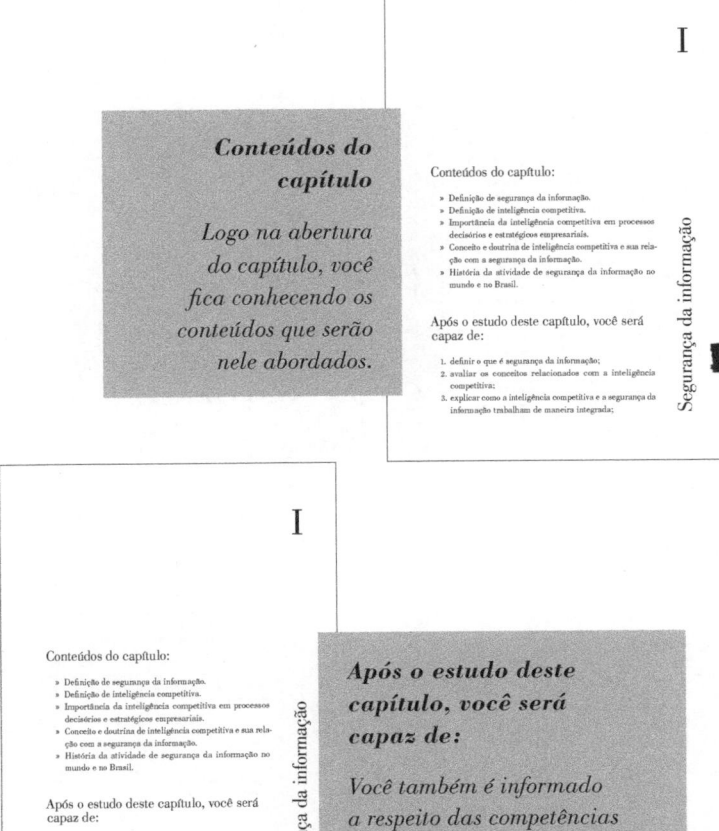

Conteúdos do capítulo

Logo na abertura do capítulo, você fica conhecendo os conteúdos que serão nele abordados.

Após o estudo deste capítulo, você será capaz de:

Você também é informado a respeito das competências que vai desenvolver e dos conhecimentos que vai adquirir com o estudo do capítulo.

como aproveitar ao máximo este livro

Exemplificando

Aqui você pode verificar exemplos aplicados ao dia a dia dos cidadãos, nos mais diversos contextos.

Consultando a legislação

Você pode verificar aqui a relação das leis consultadas pelo autor para examinar os assuntos enfocados no livro.

Importante!

Algumas das informações centrais para a compreensão da obra aparecem nesta seção. Aproveite para refletir sobre os conteúdos apresentados.

Para saber mais

Regulamentar a segurança da informação é indispensável para garantir a integridade dos usuários. Nesse sentido, é de grande importância o Regulamento 2016/679, de 27 de abril de 2016, denominado *General Data Protection Regulation* – GDPR (Regulamento Geral sobre a Proteção de Dados), da União Europeia, instrumento normativo que indica a necessidade de proteção dos indivíduos em relação a dados e à sua livre circulação, revogando a Diretiva 95/46/CE. Desse modo, podemos constatar que a proteção dos dados é um direito fundamental de acordo com instrumentos normativos ligados à União Europeia.

UNIÃO EUROPEIA. Parlamento Europeu. Conselho da União Europeia. Regulamento (UE) 2016/679 do Parlamento Europeu e do Conselho, de 26 de abril de 2016. *Jornal Oficial da União Europeia*, 4 maio 2016. Disponível em: <https://eur-lex.europa.eu/legal-content/PT/TXT/PDF/?uri=CELEX:32016R0679>. Acesso em: 16 ago. 2022.

No Brasil, existem alguns projetos de lei que tratam da segurança da informação, sendo os principais os listados a seguir:
» **Projeto de Lei da Câmara n. 53/2018**: iniciativa do Senado Federal, tem como objetivo impor sanções a qualquer tipo de tratamento de informações pessoais com cunho discriminatório (Brasil, 2018).
» **Projeto de Lei n. 5.276/2016**: emergiu na Câmara dos Deputados e foi o instrumento que obteve maior engajamento da sociedade. Por meio desse projeto, o Ministério da Justiça, em consultas públicas e em reuniões,

---

Para saber mais
Sugerimos a leitura de diferentes conteúdos digitais e impressos para que você aprofunde sua aprendizagem e siga buscando conhecimento.

O que é

O que vem a ser *inteligência*? Com origem no vocábulo latino *intelligentia*, o termo refere-se à "capacidade de conhecer, compreender e aprender, adaptando-se a novas situações" (Você..., 2021).

A inteligência competitiva, por sua vez, constitui-se em um processo proativo de aquisição de informações que direciona o indivíduo a tomar decisões mais acertadas considerando questões como:
» a proteção do conhecimento gerado;
» as forças que regulamentam os negócios.

Conforme Figoli (2022), esse processo consiste em

por meio de coleta e análise de informações – antecipar-se às necessidades e exigências do mercado em que uma determinada empresa atua. Isso se torna possível quando a organização é gerenciada por profissionais com visão estratégica.

Desse modo, a IC [inteligência competitiva] prega que é necessário saber utilizar os dados sobre o mercado – consumidores, concorrência e fornecedores – de maneira também estratégica.

Além disso, é preciso acompanhar as tendências de consumo e comportamento do mercado, para aproveitar as melhores oportunidades, sem ignorar pontos fracos e ameaças, fazendo o monitoramento dos objetivos e táticas gerais e funcionais.

Em outras palavras, é fundamental estar atento ao panorama em que a organização se encontra, para que seja possível alocar recursos e buscar o cumprimento dos objetivos do negócio, integrando todos os departamentos e focando nos melhores resultados.

O que é
Nesta seção, destacamos definições e conceitos elementares para a compreensão dos tópicos do capítulo.

Perguntas & respostas

Como operam os elementos da segurança física, lógica e ambiental?

Os elementos da segurança física, lógica e ambiental se relacionam diretamente. Para assegurar que esses fatores convirjam em prol da segurança, alguns mecanismos de controle devem ser considerados. Diante disso, é preciso conceituar as redes privadas virtuais, a infraestrutura de chaves públicas, as redes privadas virtuais e os detectores de intrusos.

As redes privadas virtuais consistem em elementos dotados dos chamados túneis criptografados em determinados pontos permitidos. A criptografia é o elemento responsável por traduzir as mensagens cifradas e codificadas, sendo essencial para assegurar a integridade no processo de troca e transferência de dados, proteger as comunicações realizadas na rede e autenticar a identidade de quem acessa. A assinatura digital é o elemento no qual há a criação do código pelo emissor da mensagem por meio de uma chave privada, permitindo que o remetente aponte, com o auxílio de uma chave do emissor/chave pública, se este é realmente quem afirma ser. O detector de intrusos consiste em um mecanismo responsável por procurar e buscar intrusões não requeridas à rede por meio de auditorias.

Perguntas & respostas
Nesta seção, respondemos a dúvidas frequentes relacionadas aos conteúdos do capítulo.

Exercícios resolvidos

Nesta seção, você acompanhará passo a passo a resolução de alguns problemas complexos que envolvem os assuntos trabalhados no capítulo.

Exercício resolvido

A segurança da informação, assim como uma empresa, precisa ser gerenciada adequadamente para que se obtenha inteligência competitiva. Um fator relacionado a esse trabalho se refere à obtenção de dados externos e internos, procedimento que deve ser realizado com o mínimo de risco para a organização. Com base nessas informações, assinale a alternativa que contém apenas elementos ligados aos pilares básicos desse trabalho:

a. Confidencialidade, integridade e disponibilidade são os três pilares básicos relacionados à segurança da informação, sendo indispensáveis para assegurar a proteção da empresa e de seus consumidores.
b. Vantagem competitiva, integridade e disponibilidade são os três pilares básicos relacionados à segurança da informação, sendo indispensáveis para assegurar a proteção da empresa e de seus consumidores.
c. Confidencialidade, vantagem competitiva e integridade são os três pilares básicos relacionados à segurança da informação, sendo indispensáveis para assegurar a proteção da empresa e de seus consumidores.
d. Informações, vantagem competitiva e integridade são os três pilares básicos relacionados à segurança da informação, sendo indispensáveis para assegurar a proteção da empresa e de seus consumidores.

Gabarito: a

Feedback do exercício em geral: A confidencialidade diz respeito ao acesso às informações por indivíduos autorizados. A integridade se refere ao modo como as organizações tratam os dados. Já a disponibilidade corresponde à maneira como se utilizam os dados.

Síntese

Na internet, há vírus e infiltrações que demandam o uso de mecanismos para proteção e bloqueio interno da rede contra aplicativos capazes de prejudicar os sistemas, culminando em falhas que podem resultar na parada da estrutura informacional.

A segurança física exige o emprego de instrumentos para controlar os dados de forma tangível, de modo a garantir a proteção das informações.

Os CPDs são departamentos voltados ao processamento das informações. Requerem o gerenciamento adequado desse ambiente para evitar danos provenientes de agentes externos e internos.

Existem inúmeras ameaças e agentes que afetam a segurança dos dados. Entre os mais comuns estão os ações desonestas, as falhas em equipamentos, entre outros eventos e fenômenos.

Há diversas maneiras de se proteger contra as ameaças aos dados, sendo as mais comuns as medidas preventivas, detectivas e corretivas.

Os mecanismos de controle mais empregados nas organizações para proteger seus dados envolvem tarefas como redes privadas virtuais, autenticação e infraestrutura de chaves públicas.

A integração da segurança física, lógica e ambiental é a chave para que as empresas desenvolvam métodos para proteger seus dados de modo mais eficiente.

Existem diversos dispositivos para atestar a segurança das informações. Esses componentes apresentam normalmente um desgaste físico e lógico, o que é algo normal, que deve ser observado para a preservação da integridade dos dados.

Síntese

Ao final de cada capítulo, relacionamos as principais informações nele abordadas a fim de que você avalie as conclusões a que chegou, confirmando-as ou redefinindo-as.

I

Segurança da informação

Conteúdos do capítulo:

» Definição de segurança da informação.
» Definição de inteligência competitiva.
» Importância da inteligência competitiva em processos decisórios e estratégicos empresariais.
» Conceito e doutrina de inteligência competitiva e sua relação com a segurança da informação.
» História da atividade de segurança da informação no mundo e no Brasil.

Após o estudo deste capítulo, você será capaz de:

1. definir o que é segurança da informação;
2. avaliar os conceitos relacionados com a inteligência competitiva;
3. explicar como a inteligência competitiva e a segurança da informação trabalham de maneira integrada;

4. demonstrar como a inteligência competitiva e a segurança da informação atuam para a obtenção de vantagem competitiva;
5. identificar as principais legislações que tratam da segurança da informação no Brasil e no mundo.

Na atualidade, a segurança da informação é uma ferramenta fundamental para a obtenção de inteligência competitiva e para a manutenção do destaque das organizações diante de seus concorrentes. Esse recurso permite a aquisição de dados relevantes sobre consumidores, mercados, entre outros fatores que contribuem para melhorar constantemente o atendimento e a qualidade de produtos e serviços. No entanto, tais informações devem ser tratadas com o devido cuidado, pois quaisquer problemas que exponham clientes e empresas devem ser evitados a todo custo. Portanto, a segurança dos dados é uma iniciativa indispensável para que as organizações conquistem e fidelizem novos clientes.

Por isso, é importante compreender os principais conceitos relacionados à segurança da informação e à inteligência competitiva, bem como a relação entre esses componentes. Nesse cenário, pode-se adiantar que há um forte vínculo entre esses elementos, mas é necessário garantir que a interação estabelecida entre eles seja efetivamente benéfica.

Convém destacar que o Brasil, assim como vários outros países do mundo, já dispõe de normas e leis que tratam desse tema e, apesar de haver muito ainda a alcançar na área da perspectiva jurídica, é fundamental observá-las para que as atividades nesse nicho ocorram da melhor maneira, ou seja, sem impactar negativamente organizações e consumidores.

1.1 Conceito de informação e sua relevância para o ambiente organizacional

O que vem a ser *informação*? Muitas são as definições para o termo, que variam de acordo com a complexidade do contexto em que a palavra está inserida:

> *A literatura nos aponta que o termo informação é um substantivo feminino, que pode ser tanto ação de informar(se) quanto a de averiguar, buscar, inquirir, investigar. Recorrendo a etimologia clássica do vocabulário, constata-se então que palavra informação tem sua origem no latim e deriva-se do verbo informare ou informatio, que significa dar forma, colocar em forma mas também representa uma ideia ou noção.*

> *Na tentativa de estabelecer uma melhor compreensão da noção de informação analisada sob esse prisma, alerta-se para a inevitável abordagem ao binômio "forma/conteúdo". Em outras palavras, para melhor aproximação do conceito de informação, precisa-se considerar a visão dicotômica existente entre a forma e o conteúdo, que embora assumam posição de dependência, são opositores entre si.*

> *Nesse sentido, pode-se observar que a informação representa a duas fases distintas. Se considerar-se que o homem se utiliza da informação e da comunicação para travar relações entre si e o meio em que vive, pode-se inferir que a informação pode dubiamente representar o momento em que o homem delimita o pensamento/ideia (substância imaterial) e molda-o, transmuda-o para uma forma simbólica, capaz de ser aprendida e comunicada.*

> *Paralelamente, indica o "conteúdo" propriamente dito da mensagem, nesse sentido, tem-se que a informação é o resultado do ato de informar (conteúdo) e o próprio ato (forma). Há que se estabelecer um vínculo entre a forma, ou seja, o código (visual, fonético) e o conteúdo (significado semântico). Xifra-Heras, 1974 (p. 26) reforça essa ideia na seguinte explanação:*
>
> *"Sem dúvida, informar é dar uma forma ou um suporte material a uma vivência pessoal ou a uma imagem mental do emissor; mas não é só isso. O suporte ou forma necessita de associar-se a uma série de signos ou símbolos convencionais que objetivem tal forma, de modo a torná-la transmissível. O sujeito ativo transforma a imagem mental formalizada (mensagem) numa série de signos (codificação) que se transmitem para serem decifrados e interpretados pelo sujeito receptor."*
>
> *Essa abordagem privilegia a noção de informação enquanto processo necessário à formação do conhecimento humano, que permite ao homem exteriorizar e permutar os conteúdos internos com o mundo exterior, bem como a capacidade de apreender pelo sentido os objetos materiais exteriores a ele. Sendo assim, o homem atua enquanto ser cognoscível, capaz de atribuir sentido à matéria, informando o mundo que o cerca.* (Messias, 2005, p. 21-22)

Resumidamente, a informação se insere em um processo em que se busca compreender algo ou minimizar possíveis incertezas. Assim, ela se refere ao esforço de entendimento do mundo e das ações ligadas a essa realidade, o que permite levantar dados sobre algo ou algum indivíduo. Portanto, associa-se à diminuição da incerteza em todas as ações empreendidas pelo ser humano.

Transportando esse conceito abstrato para o mundo concreto e, principalmente, para a realidade que vivenciamos desde o fim do século XX até os dias atuais, podemos afirmar que a informação é fundamental no **âmbito das organizações**, uma vez que viabiliza a criação de um sistema interativo e aberto, composto por um conjunto de dados e processos articulados que são amplamente utilizados nas atividades executadas nesse cenário. Tal dinâmica deu origem a um mundo turbulento, repleto de novas demandas. Por essa razão, muitos gestores passaram a encarar as mudanças como uma constante indispensável para a melhoria contínua; nesse contexto, a busca por informações e o tratamento destas deixaram mais agitada a rotina do mundo empresarial.

E quais foram os eventos ocorridos no recorte temporal escolhido neste capítulo que forçaram as organizações a enfrentar esses novos desafios? De início, podemos citar os avanços tecnológicos observados na virada do século XX para o XXI, o aumento da competitividade entre as empresas decorrente desse fenômeno e as consequentes oscilações mercadológicas. Esses eventos deram origem à demanda por profissionais capacitados e informados acerca da realidade de seu entorno – em outras palavras, por especialistas capazes de colher informações pertinentes às tomadas de decisões realizadas nessa realidade altamente competitiva, cheia de oportunidades e de riscos.

Como resultado dessas alterações, o mundo se viu diante do amplo processo da globalização e, por consequência, da complexa transformação do comércio internacional, cujo desenvolvimento fez com que os investimentos e os padrões de consumo se modificassem radicalmente. Tal situação demandou das empresas uma preparação para resistir à pesada concorrência com empresas estrangeiras, bem como um esforço para atingir novos mercados externos e, assim, maximizar as oportunidades de negócio que surgiam.

Nessa conjuntura, a atuação das organizações no mercado global passou a exigir informações constantemente atualizadas em diversos níveis, um diferencial competitivo que determina o êxito ou o fracasso empresarial. Iniciou-se, assim, a substituição do binômio "capital/trabalho" pelo paradigma "informação/conhecimento", em uma dinâmica na qual os processos decisórios passaram a ser realizados com base em um volume de dados cada vez maior. Em razão dessa mudança radical, o conhecimento obtido por meio do "saber-fazer" deixou de ser suficiente, pois as particularidades empresariais se tornaram extremamente variadas e os ambientes organizacionais, altamente dinâmicos.

> **Importante!**
>
> Para se adaptarem a essa realidade, as organizações precisam reestruturar seus processos em torno do gerenciamento das tecnologias de informação, da gestão das informações e, principalmente, da segurança da informação, da qual trataremos na sequência.

1.2 História da atividade de segurança das informações no mundo e no Brasil

A correta apreciação de determinado elemento ou fenômeno da realidade demanda a compreensão de sua origem, bem como de suas transformações ao longo da história. Nesse sentido, entender o contexto em que o tema de interesse está inserido tem grande importância: um contexto caracterizado pela possibilidade de acesso instantâneo a lugares, pessoas, culturas, informações etc. permitido pelo advento da internet, que, por meio de seus recursos, oferece inúmeras facilidades antes impensáveis por meio de computadores e, mais tarde, de celulares, *tablets*, entre outros recursos que atuam com base na economia imaterial, marcada pela transição do capital e do trabalho para o conhecimento e a informação como principais paradigmas econômicos.

A origem dos computadores remonta à Segunda Guerra Mundial (1939-1945). Na época, esses dispositivos eram diferentes dos encontrados na atualidade e sua atribuição principal era a de dar suporte à indústria bélica, sendo um instrumento exclusivo de governos. Essas máquinas eram usadas para obter informações sobre os inimigos, evidenciando a relevância das informações e a necessidade da segurança para preservá-las.

Com o passar das décadas, vários foram os avanços tecnológicos que contribuíram de maneira significativa para a disseminação das tecnologias e da informação. Cidadãos comuns passaram a ter acesso fácil a esses recursos, o que colaborou para o desenvolvimento e a evolução das áreas de serviços, pesquisa, educação, comunicação e lazer.

O auge dessa dinâmica do século XX foi o advento da **globalização** e suas consequências políticas, econômicas, sociais e tecnológicas. As empresas, os governos e outros agentes sociais precisaram se adaptar a essa nova realidade comunicacional de constante troca de informações. Nesse contexto, a internet transformou radicalmente uma atividade essencial do ser humano: a comunicação. Paralelamente a esse fenômeno, surgiu a **proteção dos dados**, que se tornou um recurso essencial para o desenvolvimento livre da personalidade. Portanto, a segurança da informação passou a ser considerada um elemento constituinte da cidadania nos séculos XX e XXI.

Nesse sentido, a proteção de informações começou a demandar a execução de atividades estratégicas direcionadas à regulamentação das informações de modo geral. Analisando-se as Recomendações da Organização para a Cooperação e o Desenvolvimento Econômico (OCDE), determinadas em 23 de setembro de 1980, e a Convenção do Conselho da Europa, estabelecida em janeiro de 1981, notam-se alguns pontos elencados referentes à segurança da informação:

1. *princípio da correção na coleta e no tratamento das informações;*
2. *princípio da exatidão dos dados coletados, acompanhado pela obrigação da sua atualização;*
3. *princípio da finalidade da coleta de dados, que deve poder ser conhecida antes que ocorra a coleta, e que se especifica na relação entre os dados colhidos e a finalidade perseguida (princípio da pertinência); na relação entre a finalidade da coleta e a utilização dos dados (princípio da utilização não abusiva); na eliminação, ou na transformação em dados anônimos das informações que são mais necessárias (princípio do direito do esquecimento);*
4. *princípio da publicidade dos bancos de dados que tratam as informações pessoais, sobre os quais deve existir um registro público;*
5. *princípio do acesso individual, com a finalidade de conhecer quais são as informações coletadas sobre si próprio, obter a sua cópia, obter a correção daquelas erradas, a integração daquelas incompletas, a eliminação daquelas coletadas ilegitimamente;*
6. *princípio da segurança física e lógica da coletânea de dados.* (Fiorillo; Conte, 2017, p. 89)

Nesse contexto, a **transparência** e a **finalidade** tornaram-se princípios fundamentais no que concerne ao tratamento de dados. Além desses valores, a **qualidade de dados** ganhou espaço nunca antes visto, apoiada nos conceitos de lealdade, atualização, licitude e exatidão. Quanto aos **direitos dos proprietários das informações**, estes dizem respeito aos atos de opor, bloquear, apagar, retificar, informar, atualizar e esquecer tais elementos.

Nessa dinâmica prevalece, de maneira geral, o princípio da transparência, ou seja, a pessoa/colaborador responsável por tratar as informações precisa ser identificada, dando aos proprietários dos dados o conhecimento acerca da realização do tratamento. É desejável ainda apontar-lhes o tempo de conservação, a finalidade, possíveis comunicações, categorias de tratamento, entre outros pontos.

> **Para saber mais**
>
> Regulamentar a segurança da informação é indispensável para garantir a integridade dos usuários. Nesse sentido, é de grande importância o Regulamento 2016/679, de 27 de abril de 2016, denominado *General Data Protection Regulation* – GDPR (Regulamento Geral sobre a Proteção de Dados), da União Europeia, instrumento normativo que indica a necessidade de proteção dos indivíduos em relação a dados e à sua livre circulação, revogando a Diretiva 95/46/CE. Desse modo, podemos constatar que a proteção dos dados é um direito fundamental de acordo com instrumentos normativos ligados à União Europeia.
>
> UNIÃO EUROPEIA. Parlamento Europeu. Conselho da União Europeia. Regulamento (UE) 2016/679 do Parlamento Europeu e do Conselho, de 26 de abril de 2016. **Jornal Oficial da União Europeia**, 4 maio 2016. Disponível em: <https://eur-lex.europa.eu/legal-content/PT/TXT/PDF/?uri=CELEX:32016R0679>. Acesso em: 16 ago. 2022.

No Brasil, existem alguns projetos de lei que tratam da segurança da informação, sendo os principais os listados a seguir:

» **Projeto de Lei da Câmara n. 53/2018**: iniciativa do Senado Federal, tem como objetivo impor sanções a qualquer tipo de tratamento de informações pessoais com cunho discriminatório (Brasil, 2018).

» **Projeto de Lei n. 5.276/2016**: emergiu na Câmara dos Deputados e foi o instrumento que obteve maior engajamento da sociedade. Por meio desse projeto, o Ministério da Justiça, em consultas públicas e em reuniões, desenvolveu um estudo detalhado para compreender como empresas, representantes do Poder Público e organizações da sociedade civil se comportam perante o tema (Brasil, 2016). Com isso, elaborou-se um texto completo e disponibilizado em uma plataforma *on-line* para consulta pública.

» **Projeto de Lei n. 330/2013**: proposto pelo Senado Federal, apresenta diversas similaridades com o PL 5.276/2016. Esse instrumento normativo discute ainda critérios que asseguram a confidencialidade e a proteção especial para dados considerados sensíveis, que não devem ser tratados, salvo em algumas exceções (Brasil, 2013).

» **Projeto de Lei n. 4.060/2012**: emergiu na Câmara dos Deputados. É um instrumento vago quanto à segurança da informação. Nesse caso, o foco está principalmente no tratamento de dados, e não em sua proteção (Brasil, 2012). Porém, pode-se afirmar que serviu de base para a criação de outros projetos melhorados.

Consultando a legislação

O Projeto de Lei n. 5.276/2016 define 15 termos relacionados à segurança da informação. Impõe a boa-fé como fundamento essencial do tratamento dos dados e determina requisitos básicos para esse processo com a finalidade de assegurar a confidencialidade e a segurança dos usuários. Para saber mais, acesse o documento na íntegra:

BRASIL. Câmara dos Deputados. Projeto de Lei n. 5.276, de 2016. Dispõe sobre o tratamento de dados pessoais para a garantia do livre desenvolvimento da personalidade e da dignidade da pessoa natural. **Câmara dos Deputados**, Brasília, DF, 2016. Disponível em: <https://www.camara.leg.br/proposicoesWeb/prop_mostrarintegra;jsessionid=62B6CCB8D15F03BD169F7421D3CDB6EE.proposicoesWeb1?codteor=1457971&filename=Avulso+-PL+5276/2016>. Acesso em: 16 ago. 2022.

O Projeto de Lei n. 4.060/2012 não externa preocupação com relação à segurança da informação, mas foi um marco para o tratamento de dados e para o início da reflexão sobre o assunto. Por basear-se em documentos legais preexistentes, esse projeto compilou informações ligadas à segurança já estabelecidas, o que permitiu criar um documento mais completo. Para conhecê-lo, acesse o documento na íntegra:

BRASIL. Câmara dos Deputados. Projeto de Lei n. 4.060, de 2012. Dispõe sobre o tratamento de dados pessoais, e dá outras providências. **Câmara dos Deputados**, Brasília, DF, 2012. Disponível em: <https://www.camara.leg.br/proposicoesWeb/prop_mostrarintegra;jsessionid=C0E44170074DD322F10F018D9231CE5D.proposicoesWeb2?codteor=1007738&filename=Avulso+-PL+4060/2012>. Acesso em: 16 ago. 2022.

Vale ressaltar que os instrumentos apresentados são essenciais para o desenvolvimento de medidas que assegurem os interesses do Estado e dos cidadãos no que se refere à segurança da informação.

1.3 O advento do conceito de segurança da informação no mundo empresarial

O termo *segurança da informação* está diretamente vinculado ao conceito de inteligência competitiva (do qual trataremos com mais detalhes na Seção 1.4). Essa ligação se verifica quando informações, textos, imagens e outros recursos são necessários para que determinadas vantagens competitivas sejam auferidas ou mantidas. Nesse contexto, a segurança da informação tem a função de proteger os elementos anteriormente citados de ameaças para garantir a continuidade do negócio, bem como a maximização de oportunidades, o retorno de investimentos realizados e a redução de possíveis danos ao empreendimento. No decurso desse processo, alguns elementos básicos devem ser preservados por parte dos profissionais responsáveis pela segurança da informação, a saber:

» **Disponibilidade**: assegurar que colaboradores, desde que autorizados, possam acessar os ativos e os dados requeridos quando preciso.

» **Integridade**: garantir a precisão e a exatidão de dados e de métodos relacionados ao processamento.

» **Confidencialidade**: permitir que apenas as pessoas autorizadas acessem os dados.

A manutenção desses fatores apoia-se em determinados elementos ligados a políticas voltadas à segurança da informação, descritos no Quadro 1.1.

Quadro 1.1 – *Elementos ligados a políticas de segurança da informação*

Recursos da informação	Meios empregados para transportar, armazenar, gerar e obter dados, englobando recursos convencionais (mapas, papel, arquivos, entre outros elementos) e recursos ambientais relacionados à tecnologia da informação, tais como equipamentos e instalações de comunicação e informática, aplicativos, sistemas operacionais e informacionais usados em tais dispositivos.
Sistemas de informação	Série de recursos e processos ambientais ligados à tecnologia da informação com o intuito de prover as informações para as empresas de maneira sistemática.
Setor dono da informação	Setor responsável por obter e gerar os dados de determinada atividade para a empresa.
Detentor das informações	Colaborador escolhido pelo setor detentor da informação para responder pela empresa acerca de questões como definição de necessidades de segurança e classificação de informações.
Comitê de segurança dos dados	Equipe composta por diretores executivos da organização cuja função é implantar e cumprir políticas voltadas à segurança da informação na empresa.
Gestores da segurança da informação	Profissionais designados pela empresa para garantir o cumprimento das políticas voltadas à segurança das informações. Têm como atribuição intermediar a relação entre a gerência de tecnologia da informação, os custodiantes, os usuários, os proprietários e os gerentes e o comitê responsável por assegurar a segurança da informação.

Podemos, portanto, perceber que a segurança da informação depende da implantação de vários controles referentes a programas, procedimentos, políticas, estruturas e práticas organizacionais. A importância desse arranjo tecnológico e institucional está associada ao cumprimento da meta de proteção e informações organizacionais sensíveis.

Os controles de sistemas de informação ligados às melhores práticas da segurança da informação englobam os elementos indicados na Figura 1.1.

Figura 1.1 – Elementos dos controles de sistemas de informação

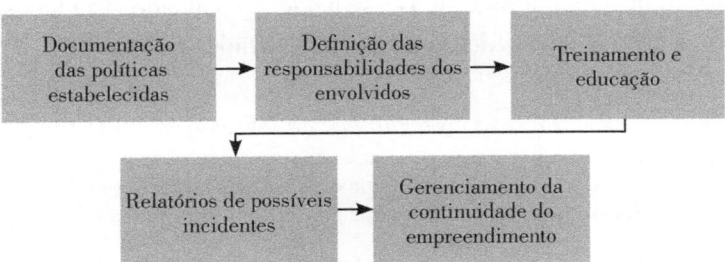

Obviamente, os controles de sistemas de informação são regidos por preceitos legais da segurança da informação, identificados na Figura 1.2.

Figura 1.2 – Preceitos legais da segurança da informação

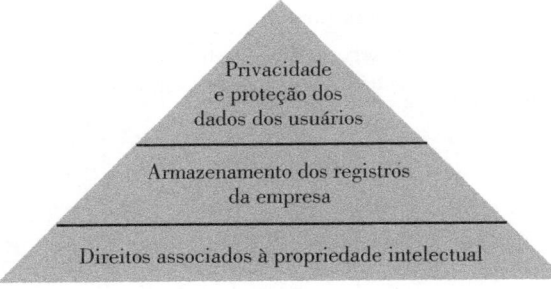

Em suma, ao se falar em *segurança da informação*, a primeira ideia que vem à mente é a da mera proteção das informações. No entanto, a expressão diz respeito a muito mais do que isso, uma vez que há a expectativa de que os dados armazenados nos sistemas responsáveis por esse processo sejam mantidos em seus devidos lugares e que apenas indivíduos autorizados possam acessá-los. Assim, a segurança da informação também consiste na expectativa de que os dados permaneçam no local correto, que sejam confiáveis, que estejam disponíveis no momento certo e que não sejam acessados por qualquer pessoa. Isso corresponde aos principais objetivos da segurança da informação. Desse modo, do ponto de vista tecnológico, os objetivos dessa área são os listados no Quadro 1.2.

Quadro 1.2 – Objetivos da segurança da informação

Confiabilidade	Assegurar que o sistema trabalhe de acordo com o programado, mesmo em condições adversas.
Auditoria	Garantir que o sistema não seja afetado por erros cometidos. O levantamento das ações e dos autores ocorre por meio do uso de trilhas das auditorias e dos *logs*, elementos indispensáveis no apontamento da ocorrência, de suas circunstâncias e do momento do evento.
Uso legítimo ou isolamento	Controlar os acessos nos sistemas para que sejam permitidos somente a pessoas autorizadas.
Consistência	Assegurar que o sistema trabalhe em consonância com as expectativas dos clientes.

(continua)

(Quadro 1.2 – conclusão)

Disponibilidade	Possibilitar o correto provimento do sistema de informática, que deve ser executado sob demanda com os usuários devidamente autorizados. Vale mencionar que as medidas associadas a tal objetivo usualmente são o *backup* e a duplicação de sistemas/ equipamentos. Para exemplificar o ataque à disponibilidade, pode-se citar a sobrecarga gerada pelos usuários que enviam volumes maiores de solicitação da conexão a fim de gerar pane no sistema.
Legalidade	Garantir que o uso da informação esteja em conformidade com os atos e ações pertinentes à legislação.
Integridade dos dados	Minimizar as chances de modificação ou de apagar os dados sem que os gestores da informação autorizem.
Privacidade ou confidencialidade	Assegurar que as informações sejam protegidas de acessos não autorizados. Nesse caso, adotam-se medidas de controle da criptografia e de acesso.

Um fato fundamental que procuramos demonstrar até este ponto é o de que a segurança da informação é alcançada por meios técnicos. Contudo, tais recursos são limitados, pois requerem procedimentos e gestão apropriados. Dessa maneira, gerir a segurança da informação é uma tarefa que demanda envolvimento de todos os colaboradores da empresa. Por isso, antes de instaurar programas voltados a esse nicho, deve-se considerar diversos aspectos ligados a fatores culturais (cultura da empresa) e tecnológicos. É importante, nessa situação, responder às perguntas que constam na Figura 1.3.

Figura 1.3 – *Questões relacionadas à gestão da segurança da informação*

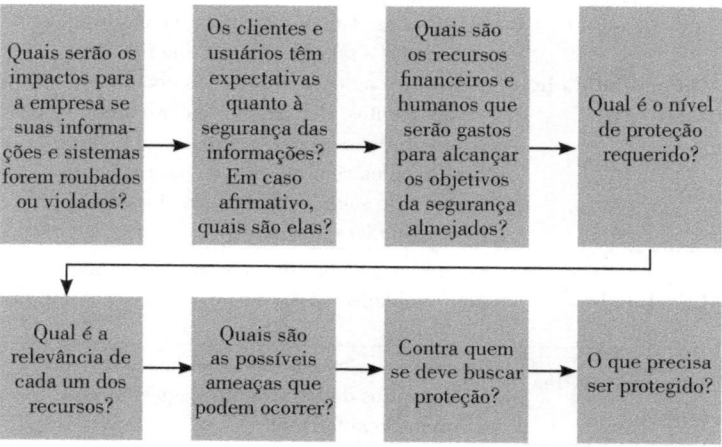

As respostas às perguntas anteriores podem definir as políticas de informação, bem como auxiliar na análise de ameaças para a elaboração da análise de riscos. A tecnologia utilizada precisa, então, atingir os requisitos mínimos da política. Cabe destacar que a administração de sistemas envolve a implantação de uma gerência voltada a questões culturais e tecnológicas da empresa. Desse modo, a segurança da informação parte da integração de ferramentas e estratégias específicas para suprir as demandas organizacionais a fim de garantir que o ambiente seja saudável. Por isso, as políticas precisam ser atualizadas e desenvolvidas periodicamente com o intuito de otimizar os processos.

1.4 Inteligência competitiva e sua influência na segurança da informação

Para traçar estratégias para o futuro da empresa, analisar o ambiente externo e preparar as equipes internas, é preciso que os gestores tenham posturas proativas. Isso é necessário para desfazer possíveis incertezas que afetam as atividades executadas pela organização; entre essas imprecisões podemos incluir as resultantes da manipulação de informações sensíveis. É nesse ponto que a inteligência competitiva revela sua importância em relação à segurança das informações nas organizações.

O que é

O que vem a ser *inteligência?* Com origem no vocábulo latino *inteligentia*, o termo refere-se à "capacidade de conhecer, compreender e aprender, adaptando-se a novas situações" (Você..., 2021).

A inteligência competitiva, por sua vez, constitui-se em um processo proativo de aquisição de informações que direciona o indivíduo a tomar decisões mais acertadas considerando questões como:

» a proteção do conhecimento gerado;
» as forças que regulamentam os negócios.

Conforme Figoli (2022), esse processo consiste em

> *por meio de coleta e análise de informações – antecipar-se às necessidades e exigências do mercado em que uma determinada empresa atua. Isso se torna possível quando a organização é gerenciada por profissionais com visão estratégica.*
>
> *Desse modo, a IC [inteligência competitiva] prega que é necessário saber utilizar os dados sobre o mercado – consumidores, concorrência e fornecedores – de maneira também estratégica.*
>
> *Além disso, é preciso acompanhar as tendências de consumo e comportamento do mercado, para aproveitar as melhores oportunidades, sem ignorar pontos fracos e ameaças, fazendo o monitoramento dos objetivos e táticas gerais e funcionais.*
>
> *Em outras palavras, é fundamental estar atento ao panorama em que a organização se encontra, para que seja possível alocar recursos e buscar o cumprimento dos objetivos do negócio, integrando todos os departamentos e focando nos melhores resultados.*

> De forma resumida, a inteligência competitiva é uma estratégia capaz de levar a empresa a um ponto estipulado, por meio da interpretação de fatores e aspectos mercadológicos, como também de análises dos seus próprios números, para que possa verificar a necessidade de ajustes no decorrer do caminho.

Vale mencionar que esse processo corresponde a um conjunto de ações sistemáticas de análise e coleta ética e legal de dados acerca das indústrias e de seus concorrentes; esses dados ajudam a empresa a tomar decisões mais acuradas, com o objetivo de atingir seus objetivos. Obviamente, tal esforço deve pautar-se por preceitos éticos, assim como pelos padrões e pela organização sugerida por entidades como a Strategic & Competitive Intelligence Professionals (SCIP).

Portanto, a inteligência competitiva visa, por exemplo, otimizar o desempenho da empresa e facilitar a tomada de decisões com o propósito de criar vantagens competitivas por meio da utilização de tecnologias que permitem monitorar as atividades em tempo real e estabelecer preços mais atrativos.

Para saber mais

Caso queira saber mais sobre a SCIP e suas contribuições para a segurança da informação e o desenvolvimento da inteligência competitiva, acesse:

SCIP – Strategic & Competitive Intelligence Professionals. Disponível em: <https://www.scip.org/>. Acesso em: 6 jul. 2022.

Com base na observação de concorrentes, clientes, fornecedores e reguladores, é possível antecipar-se a movimentos macroambientais e corporativos. Isso requer que os programas sistemáticos da inteligência competitiva englobem análises acerca do futuro do mercado que se associem a dados destinados a tomadas de decisões, indicando o que foi reunido, traduzido e trabalhado para as necessidades da organização.

É importante destacar que o uso da inteligência competitiva exige foco: não há necessidade de se reunir uma grande quantidade de dados sobre os concorrentes – o acúmulo de informações deve se concentrar no objetivo organizacional de desenvolver estratégias que façam com que a empresa se sobressaia no mercado. Os dados precisam ser importantes para agregar valor e fazer diferença no complexo jogo de compreensão das informações analisadas. Em suma, esse instrumento deve possibilitar a disseminação, análise e reunião de dados utilizados para consolidar bases organizadas e sistemáticas coerentes com os ambientes externo e interno, para que resoluções empresariais sejam corretas e fundamentadas em visão estratégica.

A aplicação desse componente nas empresas faz com que seus processos sofram menos riscos e se abram para oportunidades. No entanto, como citado anteriormente, é imprescindível compreender os ambientes externos (as tecnologias que podem ser empregadas para otimizar as tarefas desempenhadas, as melhores práticas para determinadas atividade, inovações de concorrentes, entre outros fatores) e internos (a motivação dos profissionais, o rumo que a direção desejar tomar nos negócios, entre outros elementos). A razão para esse cuidado é que o conhecimento desses públicos torna as estratégias mais efetivas.

Assim, pode-se afirmar que

Neste mesmo cenário, o ambiente globalizado está forçando as empresas a criar e manter de forma sustentável uma postura estratégica para inovação em todas as áreas utilizando modelos de Inteligência Competitiva (IC) que focam em mudanças estratégicas. Essas inovações estão presentes nos ambientes interno e externo das empresas e afetam os procedimentos produtivos, tecnológicos e de valor agregado, permeando as políticas econômicas, sociais, ambientas e governamentais em que as empresas estão imersas.

A atuação das empresas nesse ambiente globalizado também provoca uma sobrecarga de informações para enfrentar o crescimento da concorrência global, em decorrência dos efeitos de todo tipo de alterações e da implantação de inovações tecnológicas. O resultado dessa sobrecarga exige nas organizações uma busca constante por conhecimento e constitui um desafio para desenvolver e aplicar modelos inteligentes de gestão e atuação com vantagens competitivas sustentáveis. (Perdigão, 2018, p. 16)

Levando em consideração essa demanda por modelos de gestão inteligentes, veremos na sequência alguns modelos de inteligência competitiva aplicados nesse âmbito.

1.4.1 Modelos de inteligência competitiva

O aperfeiçoamento da inteligência exige que sua elaboração se paute pela continuidade, ou seja, por um ciclo que permita transformar as informações e as ideias em inteligência efetiva. Tal procedimento precisa seguir algumas etapas básicas, indicadas na Figura 1.4.

Figura 1.4 – Etapas de aperfeiçoamento da inteligência competitiva

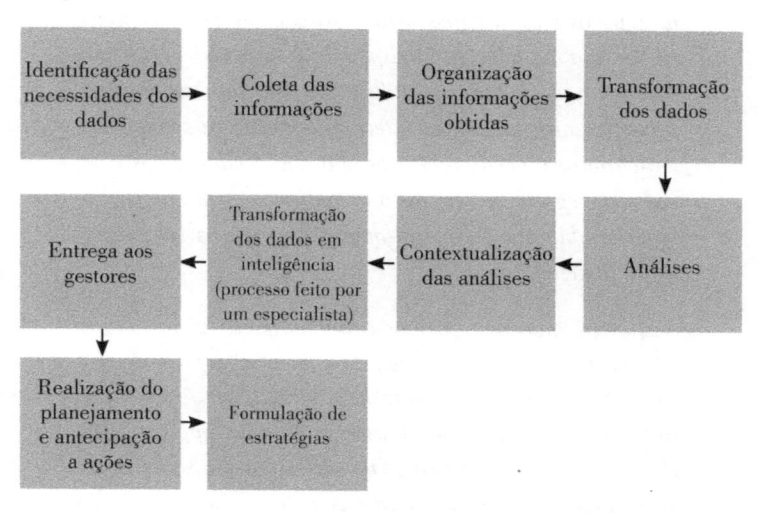

```
Identificação das        Coleta das          Organização           Transformação
necessidades dos  →      informações    →    das informações  →    dos dados
dados                                        obtidas

                         Transformação
                         dos dados em
Entrega aos        ←     inteligência       ←  Contextualização  ←  Análises
gestores                 (processo feito por    das análises
                         um especialista)

Realização do
planejamento       →     Formulação de
e antecipação            estratégias
a ações
```

Para determinar os objetivos táticos e estratégicos da organização, bem como o melhor emprego da inteligência competitiva, é indicado compreender o pensamento dos indivíduos que trabalham na área. Pode-se defender, então, uma ideia de continuidade, que se dá em função do ciclo da inteligência (sequencial e contínuo). A seguir, são descritos os ciclos de inteligência competitiva mais comuns. O primeiro deles é o proposto por Passos (2013), que sugere um modelo tradicional de inteligência competitiva pautado em cinco etapas:

1. levantamento das necessidades da organização e dos executivos ou das ideias de inteligência básica, culminando na tarefa de planejamento e condução;
2. desenvolvimento da base do conhecimento, em que a principal tarefa é o armazenamento e o processamento da informação;
3. coleta e registro de inteligência, em que a principal tarefa é recolher as informações verdadeiras;

4. transformação da inteligência em informações compreensíveis e que agregam valor para as atividades, tendo como principal tarefa a produção e a análise;
5. disseminação, em que é realizada a demonstração de resultados dos trabalhos de inteligência para que os envolvidos tomem as decisões necessárias.

Esse modelo pode ser ilustrado de acordo com a Figura 1.5.

Figura 1.5 – Modelo de inteligência competitiva de Passos (2013)

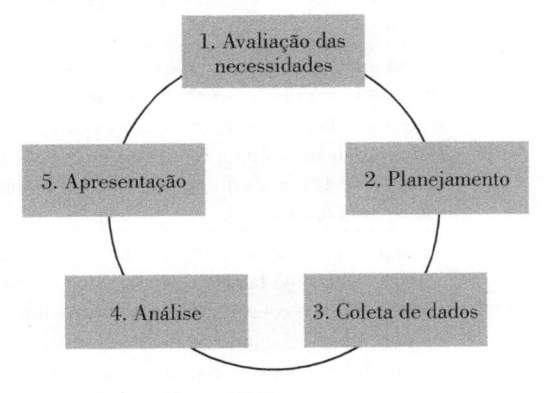

```
         1. Avaliação das
           necessidades

5. Apresentação        2. Planejamento

     4. Análise      3. Coleta de dados
```

Fonte: Elaborado com base em Passos, 2013.

O ciclo proposto por Mendes et al. (2010), por sua vez, parte da ideia de que a inteligência ocorre após o processo de **transformação**. Esse modelo obedece às etapas descritas no Quadro 1.3.

Quadro 1.3 – Modelo de inteligência competitiva de Mendes et al. (2010)

Planejamento	Fase inicial do ciclo de geração da inteligência, na qual é realizado o levantamento das necessidades dos dados dos gestores das decisões, bem como o estudo prévio para definir os procedimentos a serem executados para satisfazer a demanda.
Coleta	Atividade em que se levantam as informações e os dados a serem processados pela inteligência com o auxílio de outros processos de análise. Desse modo, escolhe-se o melhor método para a realização da coleta.
Análise	Etapa em que ocorre de fato o processo de inteligência a fim de se compreender e interpretar o significado de movimentos obtidos do ambiente. Por meio desse elemento, tomam-se decisões e criam-se estratégias que permitem a obtenção de vantagem competitiva.
Difusão	Última fase do ciclo, quando ocorre a entrega da inteligência, devidamente formalizada em formatos convincentes e coerentes com os indivíduos responsáveis por tomar as decisões. Esse procedimento pode se dar por meio da emissão de relatórios impressos ou eletrônicos.

Fonte: Elaborado com base em Mendes et al., 2010.

Há ainda o modelo proposto por Amaral et al. (2011), os quais defendem que **identificar a necessidade** é o ponto inicial para a criação de procedimentos que atendam a determinadas demandas, de modo a agregar valor a serviços e produtos e dar suporte ao desenvolvimento de estratégias competitivas. Ao se tratar da avaliação dos resultados, busca-se avaliar se os dados fornecidos são eficientes para suprir as demandas dos usuários.

Figura 1.6 – Modelo proposto por Amaral et al. (2011)

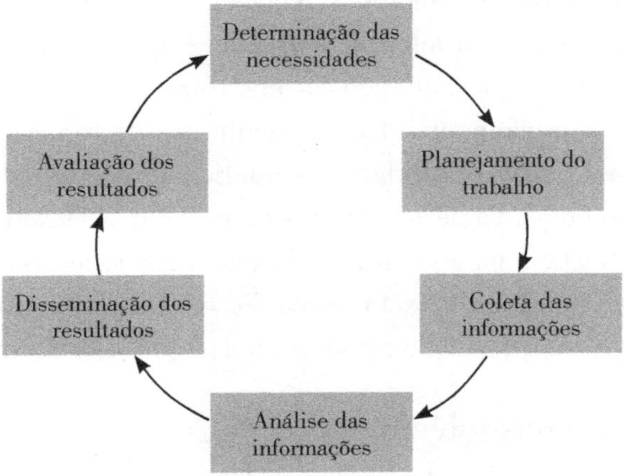

- Determinação das necessidades
- Planejamento do trabalho
- Coleta das informações
- Análise das informações
- Disseminação dos resultados
- Avaliação dos resultados

Fonte: Elaborado com base em Amaral et al., 2011.

Para saber mais

Como demonstramos no decorrer deste capítulo, a inteligência competitiva é empregada no auxílio a gestores nos processos de tomada de decisão. Existem inúmeras formas de utilizá-la. Entretanto, cada empresa deve desenvolver metodologias que se adaptem mais adequadamente à sua realidade. Caso você queira saber mais sobre essa ferramenta, recomendamos a leitura do seguinte material:

CÔRTES, A. M. **Processo de apoio para análise de informações em inteligência competitiva com foco em inovação.** 110 f. Dissertação (Mestrado em Tecnologia) – Universidade Tecnológica Federal do Paraná, Curitiba, 2013. Disponível em: <https://repositorio.utfpr.edu.br/jspui/bitstream/1/974/1/CT_PPGTE_M_C%C3%B4rtes%2C%20Ariane%20Marcela_2013.pdf>. Acesso em: 16 ago. 2022.

Esses modelos e suas exigências demonstram que a disseminação de dados comerciais, tecnológicos, de negócios e econômicos é de suma relevância para as empresas. A absorção dessas informações, quando correta, traz inúmeros benefícios, tais como a competitividade, a segurança na realização dos negócios, a sustentabilidade e a qualidade na oferta de serviços e produtos. Por isso, os responsáveis pelo desenvolvimento da inteligência na organização devem atuar de modo ativo na vida da empresa, ter exata noção dos *stakeholders* envolvidos e estar atentos ao modo como as informações são utilizadas.

Exercício resolvido

A inteligência competitiva consiste em uma série de ações que ajudam os indivíduos a tomar decisões com maior exatidão. Para que esse recurso seja efetivo, é importante encará-lo como um ciclo, cujas etapas podem variar de acordo com o autor e com suas ideias. Com base nisso e considerando-se a linha de raciocínio de Passos (2013), quais são as etapas da inteligência competitiva?

a. Coleta, planejamento, análise e difusão – etapas propostas por Passos (2013) para o desenvolvimento eficiente e preciso da inteligência competitiva.

b. Planejamento, coleta, análise, difusão e *feedback* – etapas propostas por Passos (2013) para o desenvolvimento eficiente e preciso da inteligência competitiva.

c. Avaliação das necessidades, planejamento, coleta de dados, análise, *feedback* e apresentação – etapas propostas por Passos (2013) para o desenvolvimento eficiente e preciso da inteligência competitiva.

> d. Avaliação das necessidades, planejamento, coleta de dados, análise e apresentação – etapas propostas por Passos (2013) para o desenvolvimento eficiente e preciso da inteligência competitiva.
>
> Gabarito: d
>
> **Feedback do exercício em geral**: De acordo com o modelo proposto por Passos (2013), as etapas da inteligência competitiva são a avaliação das necessidades, o planejamento, a coleta de dados, a análise e a apresentação. Mendes et al. (2010) destacam que as etapas da inteligência competitiva englobam coleta, planejamento, análise e difusão.

Convém salientar que uma importante aliada da inteligência competitiva é a comunicação organizacional, que contribui para disseminar, distribuir e transferir conhecimento, informações e dados na empresa, o que ocorre graças à interação entre o meio informal e formal das pessoas e os setores de um dado ambiente.

1.4.2 Conceito e doutrina de inteligência competitiva e sua relação com a segurança da informação

O século XXI vem sendo marcado pelo aumento da inserção das tecnologias na vida dos indivíduos e das organizações. Na esteira dessa evolução, as informações passaram a modificar de maneira significativa as possibilidades diariamente exploradas por empresas e seus clientes. No entanto, ainda que promissora, essa dinâmica apresenta inúmeros riscos, como o acesso indevido a dados armazenados.

Pense no funcionamento de uma organização: ela depende diretamente de uma estrutura de gestão, que, por sua vez, requer que toda e qualquer informação relacionada a sua administração e gerenciamento esteja segura. Desse modo, a segurança da informação deve dispor dos atributos de disponibilidade, integridade e confiabilidade, restringindo-a a sistemas de armazenamento, informações eletrônicas e sistemas computacionais.

Da mesma maneira que se gerencia uma empresa para atingir os melhores resultados, deve-se administrar e gerir a segurança da informação para que se obtenha inteligência competitiva. Por meio de dados específicos, os riscos de exposição dos consumidores e da própria empresa são minimizados. Todavia, a proteção dos dados é efetuada de forma ineficiente em muitas organizações em razão de inúmeros fatores, como a falta de investimento e a ausência de conhecimento dos profissionais que a realizam. Esses fatores colocam em risco os consumidores e os dados, permitindo que terceiros utilizem as informações de modo inadequado. Nesse sentido, é fundamental que as empresas disponham de sistemas que protegem as informações de alteração, divulgação, acesso e uso indevido, interrupção e destruição não autorizada. Com isso, riscos são evitados e informações são protegidas de possíveis ameaças que afetam a continuidade do empreendimento.

Portanto, a segurança da informação se tornou uma importante ferramenta de inteligência competitiva, pois permite vislumbrar oportunidades de negócios e elevar os retornos sobre os investimentos. Além disso, quando os dados são confidenciais, apenas pessoas autorizadas podem utilizá-los, o que mantém a segurança por meio da garantia da **confidencialidade**. Para assegurar esse fator, os gestores devem ter a capacidade de escolher os colaboradores corretos para armazenar e modificar dados, bem como realizar outras operações que evitem a quebra de confiabilidade.

Outro ponto que merece atenção é a **integridade**, que se refere ao modo como as organizações tratam os dados. Vale mencionar que esse fator é mantido quando as informações se encontram inalteradas e completas, isto é, são confiáveis. Logo, quando os dados chegam de modo incorreto ou são alterados, ocorre o processo denominado *quebra da integridade*.

A **disponibilidade**, por sua vez, corresponde à ideia de que os dados devem ser empregados no lugar e momento corretos, desde que acessados por pessoas autorizadas. Nesse contexto, busca-se assegurar a manutenção dos dados transmitidos ao mesmo tempo que se garante o nível requerido de segurança em consonância com as políticas da empresa.

Diante do exposto, uma importante estratégia para manter a segurança da informação como um instrumento de inteligência competitiva consiste no emprego de instrumentos para geri-la, o que permite direcionar e organizar esforços para evitar vazamentos, invasões e outras situações que afetariam negativamente a segurança da informação. Recomenda-se ainda que, nesse processo, sejam assegurados os seguintes aspectos:

» **Não repúdio à autoria**: quem modificou as informações não pode negar esse fato, uma vez que existem maneiras de verificá-lo.
» **Auditabilidade**: o acesso e o uso dos dados precisam ser registrados a fim de que seja possível apontar quem realizou o acesso e o que foi realizado.
» **Legalidade**: os dados devem estar em consonância com as normas e as legislações que regem a organização e a sociedade.

Isso posto, podemos concluir que o gerenciamento da segurança não é somente mais uma tarefa a ser executada, pois se trata de um processo pautado em medidas, ações e cuidados que permitam utilizar as informações de forma estratégica. Vale mencionar que, nesse contexto, gerir consiste em administrar de modo que o gerenciamento da segurança da informação se relacione com a maneira de administrar as ferramentas desenvolvidas e aplicadas. Em suma, a gestão da informação

> *é entendida como a gestão eficaz de todos os recursos de informação relevantes para a organização, tanto de recursos gerados internamente como os produzidos externamente e fazendo apelo, sempre que necessário, à tecnologia de informação. No passado a questão segurança da informação era muito mais simples, pois os arquivos contendo inúmeros papéis podiam ser trancados fisicamente; porém, com a chegada das tecnologias da informação e comunicação esse fator ficou bem mais complexo. Atualmente a maioria dos computadores conecta-se a internet e consequentemente a internet conecta-se a eles; além disto, sabemos que dados em formato digital são portáteis, fator este que fez com que estes ativos tornassem atrativos para ladrões. Mas isto não é tudo, pois existem inúmeras situações de insegurança que podem afetar os sistemas de informação tais como: incêndios; alagamentos; problemas elétricos; fraudes; uso inadequado dos sistemas; engenharia social, entre outros.* (Oliveira; Moura; Araújo, 2012, p. 12)

Exercício resolvido

A segurança da informação, assim como uma empresa, precisa ser gerenciada adequadamente para que se obtenha inteligência competitiva. Um fator relacionado a esse trabalho se refere à obtenção de dados externos e internos, procedimento que deve ser realizado com o mínimo de risco para a organização. Com base nessas informações, assinale a alternativa que contém apenas elementos ligados aos pilares básicos desse trabalho:

a. Confidencialidade, integridade e disponibilidade são os três pilares básicos relacionados à segurança da informação, sendo indispensáveis para assegurar a proteção da empresa e de seus consumidores.
b. Vantagem competitiva, integridade e disponibilidade são os três pilares básicos relacionados à segurança da informação, sendo indispensáveis para assegurar a proteção da empresa e de seus consumidores.
c. Confidencialidade, vantagem competitiva e integridade são os três pilares básicos relacionados à segurança da informação, sendo indispensáveis para assegurar a proteção da empresa e de seus consumidores.
d. Informações, vantagem competitiva e integridade são os três pilares básicos relacionados à segurança da informação, sendo indispensáveis para assegurar a proteção da empresa e de seus consumidores.

Gabarito: a

Feedback do exercício em geral: A confidencialidade diz respeito ao acesso às informações por indivíduos autorizados. A integridade se refere ao modo como as organizações tratam os dados. Já a disponibilidade corresponde à maneira como se utilizam os dados.

É importante criar no Brasil uma cultura que preze pela integração do gerenciamento da informação em tarefas executadas por agentes públicos e privados, tendo em vista a realidade vivenciada em nossa era tecnológica. No entanto, medidas cautelosas e abrangentes são raramente observadas na atualidade. Por isso, é necessário vivenciar uma cultura empresarial preocupada com as informações disponíveis, que as considere patrimônio a ser preservado em razão de sua relevância.

Nota-se que na atualidade não existe o entendimento de que os dados são patrimônio, o que resulta em menor proteção, culminando em acessos às informações por parte de usuários não autorizados. Com isso, consumidores e empresas são prejudicados, pois qualquer pessoa pode acessar seus dados e utilizá-los para obter vantagens competitivas. Logo, é preciso cultivar uma visão mais abrangente acerca da privacidade e da segurança da informação, como evidencia a Figura 1.7, a seguir.

Figura 1.7 – Visão mais abrangente acerca da privacidade e da segurança da informação

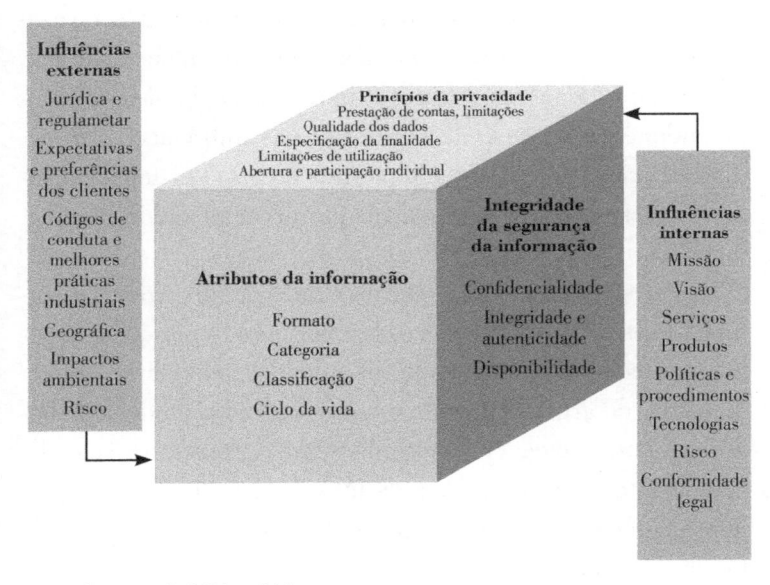

Influências externas
Jurídica e regulametar
Expectativas e preferências dos clientes
Códigos de conduta e melhores práticas industriais
Geográfica
Impactos ambientais
Risco

Princípios da privacidade
Prestação de contas, limitações
Qualidade dos dados
Especificação da finalidade
Limitações de utilização
Abertura e participação individual

Atributos da informação
Formato
Categoria
Classificação
Ciclo da vida

Integridade da segurança da informação
Confidencialidade
Integridade e autenticidade
Disponibilidade

Influências internas
Missão
Visão
Serviços
Produtos
Políticas e procedimentos
Tecnologias
Risco
Conformidade legal

Fonte: Souza et al., 2016, p. 244.

A seguir, o Quadro 1.4 detalha a segurança física, a segurança lógica e a segurança humana.

Quadro 1.4 – Segurança física, segurança lógica e segurança humana

Segurança física	Está voltada especificamente aos locais nos quais se encontram as informações. Refere-se à necessidade de proteção a equipamentos e programas dentro de um local adequado a eles.
Segurança lógica	Baseia-se na forma de utilização dos recursos nas diversas atividades cotidianas da instituição que os detém.
Segurança humana	Todos esses recursos são utilizados por pessoas, de modo que elas devem entender seu papel na manutenção das informações conforme os parâmetros de segurança e confiabilidade estabelecidos.

Fonte: Elaborado com base em Silva Neto; Silveira, 2017.

Nesse sentido, ainda que os sujeitos tenham a responsabilidade de aplicar os protocolos de segurança e o uso dos dados em uma empresa, essas pessoas também podem causar o vazamento de informações de maneira acidental ou intencional. Por isso, é importante preparar esses indivíduos a fim de que compreendam a relevância da segurança das informações. Além disso, a criação de medidas protetivas precisa ser um dos principais passos para que se consiga preservar os dados em uma empresa.

Vale destacar que a existência de somente um tipo de segurança possibilita o vazamento de informações por outros fatores, mesmo que sejam tomados os cuidados necessários com o ambiente de armazenamento e com a capacitação dos colaboradores para proteger os dados. Por essa razão, os sistemas de gerenciamento da segurança da informação são usados como instrumento de inteligência competitiva quando vários elementos são considerados.

O uso de ferramentas da qualidade auxilia os gestores no processo supracitado; nesse contexto, um método relativamente simples para realizar esse trabalho é o **ciclo PDCA**, que facilita as tomadas de decisão e reflete diretamente nas estratégias e na inteligência competitiva, garantindo que as organizações sobrevivam ao mercado competitivo.

O que é

De acordo com Corrêa (2022), o ciclo PDCA pode ser definido como uma ferramenta de qualidade. A sigla corresponde aos termos ingleses *Plan* (planejar), *Do* (fazer), *Check* (verificar) e *Act* (agir). Essa metodologia, criada por Walter Shewhart, popularizou-se em 1950, quando William Edwards Deming a utilizou no Japão para melhorar a qualidade de procedimentos industriais. Vale citar ainda que tal instrumento serviu de base para o desenvolvimento do Sistema Toyota de Produção. Cada uma das etapas mencionadas é de grande importância para atingir os resultados nas áreas em que há sua aplicação:

1. No primeiro passo – *Plan* –, cria-se o plano, ou seja, uma estratégia para resolver os problemas observados.
2. No segundo passo – *Do* –, coloca-se em prática o planejamento detalhado elaborado na etapa anterior, treinando os agentes envolvidos para que eles estejam preparados para a mudança.
3. No terceiro passo – *Check* –, verificam-se os resultados atingidos e os dados coletados, avaliando os dados para checar todos os itens implementados anteriormente a fim de descobrir se existem falhas ou erros.
4. Por fim, o quarto ato – *Act* – consiste em corrigir as falhas ou os erros levantados anteriormente. Depois disso, roda-se novamente o ciclo.

Assim, a utilização do ciclo PDCA colabora para melhorar a organização das tarefas e otimizar os processos de tomada de decisão, pois o método possibilita a visualização de forma clara dos pontos fracos e fortes de uma ação. Tal facilidade contribui para a decisão precisa e segura sobre o melhor modo de agir em cada situação.

1.4.3 Influência da inteligência competitiva em processos decisórios e estratégicos de empresas

O mundo vem passando por inúmeras transformações culturais, econômicas, tecnológicas e políticas, constituindo-se um cenário altamente complexo e de elevada incerteza que afeta diretamente a sobrevivência das empresas, as quais, se não se adaptarem a esse movimento, podem ser levadas à extinção. Por outro lado, o panorama não é totalmente trágico: as complexidades e incertezas da atualidade também podem ser convertidas em oportunidades de ampliação de negócios. Inúmeras são as alternativas que as organizações têm à sua disposição para perseverar nesse ambiente, entre as quais estão as descritas na Figura 1.8.

Figura 1.8 – Alternativas estratégicas das organizações na atualidade

Gerenciamento eficiente do tempo
O novo ambiente requer que necessidades e tendências de mercado sejam prontamente elencadas, de modo que as necessidades e os anseios dos consumidores sejam agilmente atendidos e a boa imagem da organização seja preservada.

Redistribuição das atividades
O cenário atual exige a utilização de novas tecnologias destinadas à determinação das atividades cotidianas e seus limites e à distribuição de tais atribuições.

Diminuição dos riscos
O panorama empresarial atual demanda a criação de alianças comerciais e tecnológicas, assim como a elevação da cooperação com os intermediários.

Reestruturação dos custos
O contexto atual exige esse procedimento em virtude do surgimento de novos competidores que estão em modelos econômicos diferentes, os quais apresentam estruturas distintas e que tendem a estar distantes.

Aha-Soft, davooda, Good Shrek e popicon/Shutterstock

Contudo, é importante enfatizar que uma organização só está apta a competir igualmente com seus concorrentes se tiver à sua disposição **vantagens competitivas**. No contexto enfocado nesta obra, essas vantagens são obtidas por meio do monitoramento do fluxo de dados ligados aos elementos denominados *sistemas competitivos* – que possibilitam a observância crítica do ambiente econômico e social, a análise das oportunidades e a proteção contra possíveis mudanças –, compostos de ambientes externos, ambientes locais e operações:

» **Ambiente externo**: influenciado por questões demográficas e sociais, fornecedores, consumidores, realidade econômica e política, mercado, concorrência e indústrias.

» **Ambiente local**: diretamente relacionado à empresa, podendo ser impactado pelo ambiente externo ou dependente dele. Diz respeito às dinâmicas internas da empresa que afetam, de algum modo, os fatores organizacionais. Entre esses elementos, citamos os seguintes:
   » *core competencies*;
   » ciclo de vida organizacional;
   » cultura da empresa;
   » capacidade de gerenciamento;
   » estilos de liderança.
» **Operações**: impactadas pelos ambientes local e externo. Abarcam vários setores da empresa, tais como tecnologia da informação, pesquisa e desenvolvimento, recursos humanos, *marketing*, vendas e produção. Quando as empresas avaliam e acompanham os elementos relacionados ao sistema competitivo, é possível gerar informações precisas para os processos de tomada de decisão. Com isso, desenvolve-se um planejamento estratégico que ajudará os gestores a compreender as necessidades dos ambientes interno e externo para a obtenção de vantagem competitiva.

Exercício resolvido

Várias são as estratégias que podem conferir vantagens competitivas às empresas. Para sobreviver às complexidades do mercado, tem sido cada vez maior o esforço das organizações para obter tais vantagens e, com isso, atender ao seu público-alvo. No que tange às alternativas que as organizações buscam para sobreviver em um mundo repleto de estratégias competitivas, assinale a alternativa correta:

a. A diminuição dos riscos implica criar alianças comerciais e tecnológicas, bem como estreitar a cooperação com os intermediários como uma alternativa utilizada pelas organizações para a sua sobrevivência em um mundo repleto de estratégias competitivas.

b. A redistribuição das atividades supõe o estabelecimento de alianças comerciais e tecnológicas. Além desse processo, também podemos citar a elevação da cooperação com os intermediários, alternativa utilizada pelas organizações para a sua sobrevivência em um mundo repleto de estratégias competitivas.

c. O gerenciamento eficiente do tempo demanda a compreensão das necessidades e tendências mercadológicas. Essa é uma alternativa da qual as organizações se utilizam para sobreviver em um mundo repleto de estratégias competitivas.

d. A reestruturação dos custos é recomendada em razão dos novos competidores que contam com estruturas distintas. Essa é uma alternativa que as organizações buscam para sobreviver em um mundo repleto de estratégias competitivas.

> Gabarito: a
> **Feedback do exercício em geral**: A diminuição dos riscos implica criar alianças comerciais e tecnológicas, assim como estreitar a cooperação com os intermediários. A redistribuição das atividades supõe a busca por novas tecnologias a fim de distribuir os limites das atividades cotidianas. O gerenciamento eficiente do tempo está relacionado a um novo ambiente que requer a determinação ágil das demandas do mercado, a fim de atingir de forma imediata o que os consumidores desejam para minimizar desgastes da imagem corporativa. A reestruturação dos custos está associada ao surgimento de novos competidores que estão em modelos econômicos diferentes, os quais apresentam estruturas distintas e que tendem a estar distantes.

Para definir as estratégias, é preciso levar em consideração dois processos estruturados. O primeiro deles é o **planejamento**, que tem como base a avaliação de perspectivas e o levantamento de fatores que modificam tendências históricas, bem como novos campos de negócio compatíveis com a capacidade produtiva. O segundo processo é a **administração estratégica**, aplicada diretamente no planejamento para maximizar as potencialidades da empresa, atuando em elementos como os indicados na Figura 1.9, a seguir.

Figura 1.9 – Elementos da administração estratégica

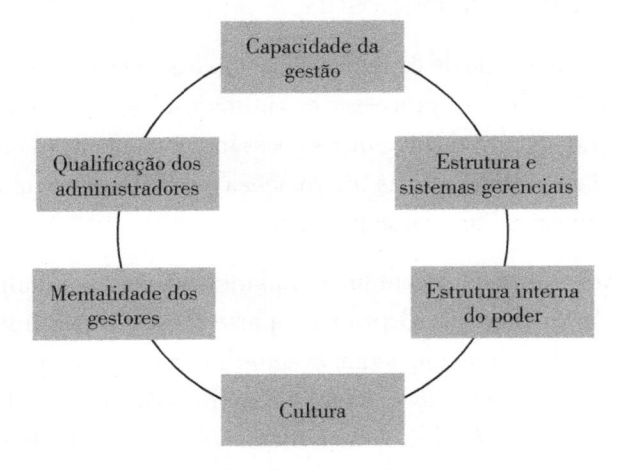

- Capacidade da gestão
- Estrutura e sistemas gerenciais
- Estrutura interna do poder
- Cultura
- Mentalidade dos gestores
- Qualificação dos administradores

Ressaltamos que esse é um modo tradicional de aplicar o planejamento fundamental destinado à definição do direcionamento estratégico de uma organização. No entanto, há opções estratégicas que emergem para além de ações intencionais, frutos de eventos não planejados e ações provenientes da interação rotineira com o ambiente, especialmente em períodos de mudanças, o que favorece a execução de estratégias diferenciadas e emergentes, quando a inteligência competitiva está devidamente inserida nesses processos.

> **Perguntas & respostas**
>
> Para a definição de estratégias, as organizações se baseiam em informações e processos estruturados. Esses elementos são indispensáveis para que se possam tomar decisões mais acertadas. Quais são as informações e processos estruturados que auxiliam nesse processo?
>
> Nesse âmbito, apontamos o planejamento e a administração estratégica. O primeiro parte da compreensão de perspectivas que impactam eventos históricos e campos de negócios. O segundo se refere à compreensão de dados ligados às competências, à mentalidade, à capacidade de gestão, entre outros elementos associados aos gestores. Todo esse esforço é empreendido para maximizar as capacidades da organização e fazer com que ela se torne referência no segmento em que atua.

Convém observar que os processos de planejamento formais apresentam certos problemas, sendo o principal deles o impedimento dos gestores no cotidiano: muitas vezes, esses profissionais não conseguem analisar de maneira crítica os eventos que ocorrem diariamente para aproximá-los de sua rotina e diminuir os níveis de abstração. Tal erro resulta em um ciclo mais demorado e orientado por especialistas que apresentam dificuldades em reconhecer caminhos alternativos e em implementar tarefas em consonância com a dinâmica da empresa.

Por outro lado, planejadores mais dinâmicos e habituados a conduzir ações considerando o curto prazo, especialmente na eficiência operacional, dificilmente trabalham tendo como base o longo prazo, o que culmina na deficiência da operacionalização das estratégias. Então, a saída para esse grande problema é conduzir o planejamento estratégico de modo a garantir que os colaboradores estejam imersos no cotidiano, a fim de se aproximar da realidade e dos gestores concomitantemente com o envolvimento dos gerentes na implantação e na determinação das estratégias, formando, assim, o processo constante de aprendizagem organizacional.

O que é

A aprendizagem organizacional ocorre quando as empresas atuam na detecção e correção dos erros cometidos em seus processos de forma independente. Essa iniciativa permite que a empresa atinja seus objetivos rapidamente, cumpra adequadamente sua missão e aperfeiçoe o desempenho de suas tarefas. Por isso, quando uma empresa não aprende, ela não se adapta ao seu entorno, o que eleva as chances de fracasso de seus negócios.

No contexto da inteligência competitiva e sua aplicação na resolução de problemas organizacionais, o **aprendizado** é um fator indispensável para as empresas modernas que querem crescer na atualidade. Esse conceito reforça a relevância do conhecimento, bem como de seu objeto de estudo e das informações como o principal elemento na formação de vantagens competitivas, como antever manobras dos concorrentes, atuar em novos mercados e inserir novos produtos. Por isso, quanto maior a velocidade com a qual a informação correta chega ao mundo corporativo, mais elevadas serão as chances de sucesso do negócio. É justamente nesse momento que emerge a inteligência competitiva, que se associa à capacidade de gerar insumos em intervalos de tempo menores quando comparados com os observados na aplicação das tradicionais metodologias que englobam planejamento e pesquisa.

Síntese

A segurança da informação é um fator necessário para a vida na sociedade moderna, caracterizada por um alto volume de informações trocadas diariamente, pois a internet e os computadores modificaram a forma de obter informação, impactando diretamente em inúmeros fatores, especialmente na segurança dos dados.

As informações são estratégias para assegurar a vantagem competitiva, desde que sejam de qualidade, pois ajudam as organizações a antever manobras de concorrentes e a compreender o mercado. Quanto maior for a velocidade de chegada da informação ao ambiente corporativo, maior será a probabilidade de sucesso do empreendimento.

A inteligência competitiva, relacionada à segurança da informação no âmbito organizacional, possibilita que os gestores tomem decisões mais acertadas, considerando fatores como a proteção do conhecimento gerado, as forças que regulamentam os negócios e a diminuição dos riscos. Portanto, constitui-se em um processo que deve ser trabalhado sob uma ótica de continuidade, ou seja, como uma melhoria contínua para que a organização maximize as oportunidades e aufira vantagem competitiva no negócio.

O Regulamento 2016/679 da União Europeia, denominado *General Data Protection Regulation* (GDPR), é o instrumento mais relevante no que se refere à segurança das informações em âmbito internacional.

II

A inteligência e a contrainteligência como elementos estratégicos

Conteúdos do capítulo:

» História da inteligência.
» Inteligência no Brasil.
» Inteligência no mundo.
» Inteligência e contrainteligência organizacional.

Após o estudo deste capítulo, você será capaz de:

1. reconstituir as origens da inteligência;
2. definir *inteligência*;
3. descrever a evolução das atividades de inteligência no Brasil;
4. elencar os objetivos da Agência Brasileira de Inteligência (Abin);
5. apontar as principais agências de inteligência no mundo.

A quantidade de estudos e discussões acerca das tarefas ligadas à inteligência tem aumentado exponencialmente no mundo. Essa atividade sempre teve papel importante, especialmente nas relações internacionais. Acredita-se que a espionagem é a segunda profissão mais antiga do mundo, visto que sua prática pode ser evidenciada desde os primórdios da humanidade.

2.1 Conceito de inteligência

Cabe destacar a existência de três formas distintas de compreender o conceito de inteligência:
1. como organização;
2. como uma atividade peculiar;
3. como um tipo de informação.

A inteligência como **organização** corresponde a um órgão estatal que se fundamenta no **segredo**: mesmo que suas atividades tenham como alvo o benefício dos cidadãos, seus resultados não são disponibilizados. As razões dessa proteção são simples: evitar quaisquer ataques contra a população e criar comissões especialmente destinadas a controlar as tarefas de inteligência desenvolvidas e realizadas.

> Importante!
>
> Nesse contexto, a inteligência governamental é pautada por uma série de organizações menores intituladas *comunidade de inteligência* ou *serviços de inteligência*. Nesse âmbito, a inteligência é a atividade-fim executada pelas agências menores, ao passo que o conhecimento em inteligência é o resultado das ações produzidas por esses grupos.

Na condição de **atividade**, a inteligência tende a ter uma definição um pouco controversa, pois ela é aplicada em um ambiente no qual o **sigilo** é a base, englobando, por exemplo, as nações que não gostariam que suas ações, suas atividades e seus conhecimentos fossem descobertos por outros países. Com isso, o acúmulo e a análise de uma série de dados acerca de determinado fenômeno constituem a inteligência, indispensável para a implementação e a criação de políticas de segurança por parte dos governos. Nesse sentido, a inteligência como uma atividade equivale à luta de adversários que lidam com as informações. Esse tipo de inteligência é a chave para os Estados, uma vez que processar dados é inerente às atividades de governo, que devem protegê-los a fim de delimitar o que corresponde ou não a um produto de inteligência.

Quando se considera a inteligência como um **tipo de informação**, cumpre realizar a submissão de dados a um processo de elaboração especial e uma avaliação com a finalidade principal de auxiliar os sujeitos em processos de tomada de decisão. Sob essa ótica, o termo *inteligência* pode ser mais bem definido se ligado aos dados analisados, organizados e coletados em função da decisão de empresas ou de outros agentes. Portanto, nesse caso, a inteligência é um conceito voltado à geração de **conhecimento** com o intuito de maximizar as chances de acerto em um processo decisório.

> ## Exemplificando
>
> É comum as pessoas acreditarem que as atividades de inteligência estão diretamente relacionadas a chantagens, trapaças e espionagens – uma visão que tem origem no senso comum, na mídia e nas literaturas de ficção. Na prática, é muito diferente, uma vez que a inteligência equivale ao tratamento de dados e informações diretamente relacionados à segurança de determinado Estado e de sua população. Consiste, pois, em uma tarefa desenvolvida para impedir a obtenção de dados acerca de pontos estratégicos sobre outras nações, evitando colocar em risco todos os cidadãos de um país.

Operacionalmente, é preciso diferenciar outros tipos de aquisição de dados da inteligência. Essa iniciativa demanda a adoção de alguns critérios, tais como o nível de intervenção humana necessária para disseminar e analisar as informações obtidas. Em paralelo, deve haver a manutenção de segredos para assegurar a proteção das tarefas da inteligência e diminuir o grau de vulnerabilidade da fonte dos dados, bem como fortalecer as contramedidas de segurança requeridas.

Nessa dinâmica, existem oito principais motivos que fazem com que as empresas tenham serviços de inteligência privados:

1. A preservação das informações relevantes, tendo em vista que os adversários também buscam descobrir dados que podem ser usados uns contra os outros.
2. O monitoramento de ambientes externos e de alvos preferenciais para minimizar a incerteza e elevar a confiança e o conhecimento.

3. A antecipação de possíveis ataques-surpresa. Com isso, consegue-se alertar a população e os militares para se prevenirem contra um evento indesejado.
4. A possibilidade de fornecer subsídios para a elaboração dos planos de guerra, além do planejamento militar.
5. A coleta de dados importantes por meio de negociações diplomáticas em vários campos.
6. A capacidade de dar suporte para o planejamento de capacidades defensivas, bem como o aperfeiçoamento dos sistemas para a criação e a compra de armas e sistemas.
7. A possibilidade de melhorar a interação entre os oficiais e os decisores da inteligência para a geração de efeitos cumulativos.
8. A necessidade de os processos de tomada de decisão do governo serem mais realistas e racionais, eliminando-se o empirismo e o senso comum.

Perguntas & respostas

A inteligência é uma atividade realizada desde os primórdios da humanidade. Nota-se que ela adquiriu um caráter estratégico para as organizações, culminando na obtenção de informações para que seja possível posicionar-se melhor em face de outras nações. Desse modo, desenvolvem-se ações estratégicas pautadas em conceitos que atuam de modo integrado para garantir a segurança dos Estados e dos cidadãos. Sabe-se que existem três modos de conceituar a inteligência. Quais são eles?

> Como organização, a inteligência corresponde a um órgão estatal fundamentado no segredo; mesmo que o resultado final de suas ações vise ao benefício dos cidadãos, ele não pode ser disponibilizado a esses indivíduos. No que se refere à inteligência como uma atividade, esta atua em um ambiente em que o sigilo é a base, englobando, por exemplo, as nações que não gostariam que suas ações, atividades e conhecimentos fossem descobertos por outros países. Como informação, realizam-se a submissão de dados a um processo de elaboração especial e uma avaliação com a finalidade principal de auxiliar os indivíduos em processos de tomadas de decisão.

Até este ponto do texto, podemos concluir que a inteligência e a contrainteligência, da qual trataremos na sequência, são elementos que caminham de maneira integrada para garantir o interesse das nações. Busca-se preservar a segurança da sociedade e do Estado. Assim, fortalecer esses componentes contribui para que as organizações se desenvolvam de forma estratégica. A seguir, veremos com mais detalhes como esses conceitos atuam de modo integrado e estratégico nas organizações.

2.2 Órgãos de inteligência no Brasil e no mundo

A inteligência é uma ação amplamente empregada no Brasil e no mundo para assegurar o interesse dos Estados. Relatos indicam táticas dessa natureza, bem como a utilização de certos tipos de espiões, já no século IV a.C., por parte do general chinês Sun Tzu.

Alexandre, o Grande, tinha o costume de interrogar viajantes advindos de várias localidades a fim de compreender mais a fundo os hábitos, a cultura e os costumes de outros povos. Essa perspicácia o auxiliou na tomada do Império Persa, pois havia estudado a nação antes do evento.

Na Segunda Guerra Mundial, ocorrida no século XX, os países envolvidos contavam com exércitos dotados de soluções estratégicas com o intuito de vencer o conflito. Um desses estratagemas consistia na produção de códigos para a transmissão de mensagens a fim de evitar que os inimigos descobrissem os segredos comunicados. Sobre esse importante recurso, podemos citar uma das maiores batalhas navais que marcaram o confronto: a Batalha de Midway, travada entre as forças navais dos Estados Unidos e do Império Japonês.

O que é

Os americanos acompanhavam as mensagens trocadas entre os países do Eixo (Japão, Itália e Alemanha), decifrando-as. Essas interceptações resultaram na Batalha de Midway. Naquele período, com a inteligência, foi possível adotar mecanismos para utilizar as informações de maneira estratégica. Podemos concluir, com esse caso, que a compreensão do mundo se pauta na busca por entender a verdade na luta com um inimigo. A verdade não é um objetivo, e sim um importante significado para a vitória. Como explica Paula (2013, p. 21),

> A era da informação e do conhecimento exige que a sociedade e suas organizações ampliem suas estratégias e ações visando a construção de um ambiente social equilibrado e com o mínimo de conflitos, e as atividades de inteligência são fundamentais nesse processo. A Atividade de Inteligência (AI) é uma atividade do Estado e compreende a busca de conhecimento mediante um conjunto de procedimentos e rotinas específicas visando auxiliar o processo decisório voltado à defesa externa e interna e à manutenção da ordem, numa acepção weberiana de que o Estado detêm os meios legais e materiais de dominação e controle e, por conseguinte, os atributos do monopólio legítimo do uso da força.

Nesse sentido, o campo de atuação dos órgãos de inteligência não é dotado de fronteiras, pois sua atuação pode ser externa ou interna. Além disso, os serviços dessas agências se encontram inseridos em estruturas governamentais dos Estados, que têm como principal objetivo a coleta de dados destinados a evitar possíveis ameaças contra a nação e seus habitantes.

Vale ressaltar que, nesse contexto, a obtenção de informações sobre outras organizações ou Estados, normalmente sem autorização, é uma prática realizada pelas agências e que tende a trazer inúmeros benefícios para quem as obtém.

Ao longo dos anos, as atividades de inteligência passaram por inúmeras transformações que permitiram o aperfeiçoamento de suas atividades no Brasil e no mundo. Com a ocorrência desses eventos históricos, foi possível criar e aperfeiçoar as agências de modo a atingir níveis estratégicos importantes para assegurar a integridade das nações.

2.2.1 A inteligência no Brasil*

As atividades de inteligência no Brasil tiveram início com a criação do então **Conselho de Defesa Nacional**, no ano de 1927, entidade diretamente subordinada ao presidente da época, Washington Luís. Nesse período, o país enfrentava o surgimento de movimentos operários e o crescimento do tenentismo, que tinham como principal meta inserir mudanças significativas na estrutura social e na política brasileira.

Os eventos descritos anteriormente foram alguns dos principais motivos que estimularam a criação de um órgão voltado à inteligência. Nesse contexto, o Conselho de Defesa Nacional tinha como meta básica reunir dados relacionados à defesa da pátria, tais como fatores morais, bélicos, econômicos e financeiros.

Para assegurar os interesses do Estado, o órgão tinha autonomia para investigar operários em greve e até mesmo a vida pessoal dos inimigos políticos do presidente. No entanto, tendo um campo de atuação amplo, esse conselho não era tido como um serviço secreto, uma vez que não contava com agentes secretos.

Alguns anos mais tarde, um mês após o fim da Segunda Guerra Mundial, em outubro de 1945, houve a derrubada do então presidente Getúlio Vargas por um golpe militar. Com isso, o ex-ministro de Guerra, o general Eurico Dutra, sucedeu o presidente. No ano seguinte, foi criado oficialmente o primeiro serviço secreto brasileiro, denominado **Serviço Federal de Informações e Contrainformações (SFICI)**.

Mesmo sendo um órgão civil, o SFICI era subordinado ao Conselho de Defesa Nacional, que posteriormente se tornou o **Conselho de Segurança Nacional**. A instituição tinha a capacidade legal de processar e levantar dados para o

---

* Seção elaborada com base em Carpentieri (2017).

presidente, além de promover a adaptação do país para possíveis guerras.

Entretanto, o Golpe Militar de 1964 resultou na extinção do SFICI e na criação, no mesmo ano, do chamado **Serviço Nacional de Informações (SNI)**, pela Lei n. 4.341, de 13 de junho de 1964, com as seguintes atribuições:

> *a. assessorar o Presidente da República na orientação e coordenação das atividades de informação e contrainformação afetas aos Ministérios, serviços estatais, autônomos e entidades paraestatais;*
>
> *b. estabelecer e assegurar, tendo em vista a complementação do sistema nacional de informação e contrainformação, os necessários entendimentos e ligações com os Governos de Estados, com entidades privadas e, quando for o caso, com as administrações municipais;*
>
> *c. proceder, no mais alto nível, a coleta, avaliação e integração das informações, em proveito das decisões do Presidente da República e dos estudos e recomendações do Conselho de Segurança Nacional, assim como das atividades de planejamento a cargo da Secretaria-Geral desse Conselho;*
>
> *d. promover, no âmbito governamental, a difusão adequada das informações e das estimativas decorrentes.*
> (Gomes, 2017, p. 37-38)

Dessa forma, o SNI aproveitou todos os colaboradores (militares ou civis) e os arquivos do SFICI. Tal movimento culminou ainda na criação de uma Agência Central, dotada de outras 12 agências regionais situadas ao longo do território brasileiro. Rapidamente, o SNI se destacou e se desenvolveu em poderes, uma vez que:

» havia um enorme poder de interferência em outros órgãos governamentais;
» a fiscalização externa era inexistente;
» o chefe do órgão tinha o *status* mais alto entre os demais chefes de poder;
» o nível de autonomia era mais elevado;
» o campo de atuação era mais amplo.

Nesse cenário, o SNI se estruturou em uma gigantesca rede, visto que cada ministério era dotado de uma divisão responsável pela informação e pela segurança. Além disso, cada empresa estatal ou autarquia contava com um setor de assessoria responsável por informações e segurança cujo objetivo era fornecer dados para que a Agência Central os compilasse para auxiliar os presidentes nos processos de tomada de decisão. Porém, seu organograma era bem semelhante ao do SFICI, atuando como um órgão com atribuições superiores em uma posição intermediária entre o presidente da República e os resultados das ações de inteligência.

É preciso comentar que a duração do SNI transcendeu a Ditadura Militar, sendo extinto apenas durante a presidência de Fernando Collor de Mello, mais especificamente no ano de 1990, quando houve uma extensa reforma administrativa que resultou na criação da chamada **Secretaria de Assuntos Estratégicos (SAE)**. No mesmo período, houve a extinção da SAE, evento que fez com que o chefe do Gabinete Militar e o do Estado-Maior das Forças Armadas deixassem de ser considerados ministros.

No ano de 1994, ocorreu no Brasil o Primeiro Seminário de Inteligência, realizado na Câmara dos Deputados e denominado "As atividades da Inteligência no Estado democrático". O evento buscou apresentar o panorama da Inteligência no

Brasil, evidenciando seu papel e suas perspectivas. O seminário contou com a participação de inúmeras personalidades da área, como diplomatas, pesquisadores, membros do Executivo e políticos.

Exercício resolvido

A história da Inteligência no Brasil se iniciou em 1927, com a criação do Conselho de Defesa Nacional, no governo de Washington Luís. Nesse período, o Brasil passava pela consolidação de movimentos operários e pelo tenentismo, que modificaram de maneira significativa a sociedade e a política na época. Após esse evento, inúmeras transformações ocorreram no setor e diversos órgãos foram criados e desfeitos. Tendo em vista esse cenário, qual foi o órgão criado no governo de Eurico Dutra?

a. O Serviço Federal de Informações e Contrainformações foi o órgão criado no governo de Eurico Dutra após inúmeras transformações ocorridas nos serviços de inteligência brasileiros.

b. O Serviço Nacional de Informações foi o órgão criado no governo de Eurico Dutra após inúmeras transformações ocorridas nos serviços de inteligência brasileiros.

c. A Agência Brasileira de Inteligência foi o órgão criado no governo de Eurico Dutra após inúmeras transformações ocorridas nos serviços de inteligência brasileiros.

d. A Secretaria de Assuntos Estratégicos foi o órgão criado no governo de Eurico Dutra após inúmeras transformações ocorridas nos serviços de inteligência brasileiros.

Gabarito: a

> ***Feedback* do exercício em geral:** Quando o ex-ministro de Guerra Eurico Dutra assumiu a presidência em 1946, criou-se oficialmente o primeiro serviço secreto brasileiro, denominado Serviço Federal de Informações e Contrainformações (SFICI). Com o Golpe Militar de 1964, houve a extinção do órgão. Com isso, criou-se no mesmo ano o chamado Serviço Nacional de Informações (SNI), pela Lei n. 4.341, de 13 de junho de 1964. A Agência Brasileira de Inteligência (Abin) foi criada juntamente com o Sistema Brasileiro de Inteligência (Sisbin) e o Ministério da Defesa, no governo de Fernando Henrique Cardoso. A Secretaria de Assuntos Estratégicos (SAE) foi criada durante a presidência de Fernando Collor de Mello, após uma grande reforma administrativa do SNI.

Posto isso, cabe destacar que um dos principais objetivos do seminário foi a realização de ações especializadas permanentes voltadas à geração de conhecimento para beneficiar a política nacional, medida necessária à defesa do Estado democrático, à soberania nacional e à proteção dos interesses do Estado.

A despeito da baixa relevância do evento em nível mundial, percebeu-se que o país carece do direcionamento de esforços em ações de inteligência para políticas externas, estendendo suas preocupações para além do cenário nacional. Em razão disso, foi criado o **Curso Superior de Inteligência Estratégica**, no ano de 1996, pela Escola Superior de Guerra, que tinha três objetivos principais, conforme indica a Figura 2.1.

Figura 2.1 – Objetivos da Escola Superior de Guerra

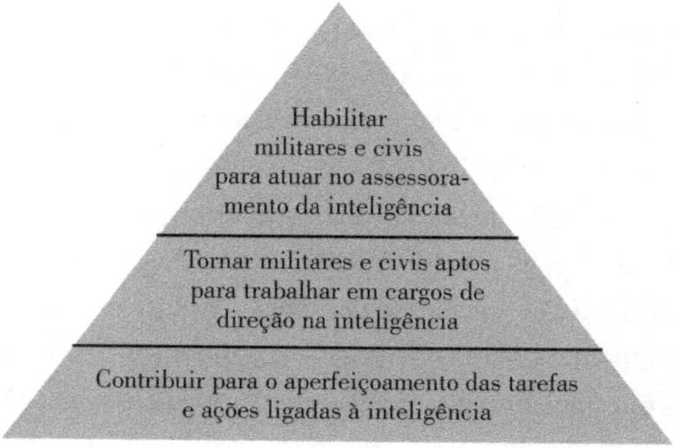

- Habilitar militares e civis para atuar no assessoramento da inteligência
- Tornar militares e civis aptos para trabalhar em cargos de direção na inteligência
- Contribuir para o aperfeiçoamento das tarefas e ações ligadas à inteligência

No ano de 1992, com o *impeachment* do então presidente Collor, Itamar Franco assumiu a presidência do Brasil. Em virtude desse evento, as tarefas relacionadas à inteligência se tornaram incertas. Contudo, ainda em 1992, criou-se a chamada **Subsecretaria da Inteligência**, que tinha o mesmo encaminhamento de seu órgão predecessor, com a diferença de que não havia o acesso direto do presidente.

Após a saída de Itamar Franco e o início do governo de Fernando Henrique Cardoso, a inteligência passou a ser subordinada ao **Gabinete de Segurança Institucional (GSI)**. Concomitantemente, foi instituída a **Agência Brasileira de Inteligência (Abin)**. No entanto, o órgão viria a ser criado apenas quatro anos depois, em paralelo com a criação do **Ministério da Defesa** e do **Sistema Brasileiro de Inteligência (Sisbin)**. Entre as atribuições desses órgãos, destacam-se a execução e o planejamento de tarefas permanentes associadas à análise, à coleta e ao levantamento de dados e de atividades sigilosas essenciais para garantir a segurança dos cidadãos e do Estado.

Vale mencionar que a Abin é um órgão estatal cujo objetivo consiste em gerenciar as ações desenvolvidas pelo Sisbin, bem como controlar e supervisionar as tarefas de inteligência. Estrategicamente, sua finalidade é desenvolver tarefas ligadas à defesa da soberania nacional e da sociedade.

A criação da Abin se deu com a aprovação da Lei n. 9.883, de 7 de dezembro de 1999 (Brasil, 1999), que definiu a inteligência como indispensável para a disseminação, a análise e a obtenção de conhecimentos no Brasil e no exterior acerca de situações ou fatos dotados de potencial ou imediata influência em processos de decisão do Estado. Além disso, buscou-se assegurar à sociedade e a todos os agentes diretamente ligados a ela maior segurança, assim como a neutralização das mais variadas inteligências.

De acordo com o Decreto n. 5.609, de 9 de dezembro de 2005* (Brasil, 2005), as atribuições da Abin em sua criação eram:

> *I – executar a Política Nacional de Inteligência e as ações dela decorrentes, sob a supervisão da Câmara de Relações Exteriores e Defesa Nacional, do Conselho de Governo;*
>
> *II – planejar e executar ações, inclusive sigilosas, relativas à obtenção e análise de dados para a produção de conhecimentos destinados a assessorar o Presidente da República;*
>
> *III – planejar e executar a proteção de conhecimentos sensíveis, relativos aos interesses e à segurança do Estado e da sociedade;*

---

* Revogado pelo Decreto n. 10.445, de 30 de julho de 2020. Disponível em: <http://www.planalto.gov.br/ccivil_03/_Ato2019-2022/2020/Decreto/D10445.htm#art7>. Acesso em: 15 jul. 2022.

IV – avaliar as ameaças, internas e externas, à ordem constitucional;

V – promover o desenvolvimento de recursos humanos e da doutrina de inteligência; e

VI – realizar estudos e pesquisas para o exercício e o aprimoramento da atividade de inteligência.

Assim, esse órgão atua em duas vertentes principais:
1. **Inteligência**: gera conhecimento acerca de situações e fatos que podem impactar, de modo imediato ou potencial, processos de tomada de decisão e ações governamentais para assegurar a integridade do Estado e da sociedade.
2. **Contrainteligência**: desenvolve medidas de natureza preventiva para garantir o sigilo de assuntos relevantes para a sociedade e para o Estado, a fim de neutralizar ações de inteligência realizadas em prol de interesses externos.

Para saber mais

A Abin é o principal órgão de Inteligência no Brasil, tendo grande relevância nas mais diversas atividades que buscam garantir a segurança e a integridade dos dados no país. Para ampliar sua compreensão acerca da atuação desse órgão, acesse os trabalhos a seguir:

VAZ, A. **A ABIN na imprensa**: dimensão dialógica da construção de uma imagem. 507 f. Tese (Doutorado em Linguística) – Universidade Federal de Pernambuco, Recife, 2009. Disponível em: <https://repositorio.ufpe.br/bitstream/123456789/7411/1/arquivo4046_1.pdf>. Acesso em: 16 ago. 2022.

> SANTOS, I. M. dos. **A ciência da informação e a inteligência de Estado**: um estudo de caso do Programa Nacional de Proteção do Conhecimento Sensível da Agência Brasileira de Inteligência. 110 f. Dissertação (Mestrado em Ciência da Informação) – Universidade Federal de Minas Gerais, Belo Horizonte, 2016. Disponível em: <https://repositorio.ufmg.br/bitstream/1843/BUOS-AV2FKE/1/isabella_santos_a_ci_ncia_da_informa__o_e_a_intelig_ncia_de_estado.pdf>. Acesso em: 16 ago. 2022.

2.2.2 A inteligência no mundo*

As agências de inteligência mais importantes do mundo iniciaram suas atividades no século XX, especialmente após a segunda metade desse período. Entre os principais órgãos dessa natureza, podemos destacar a a Agência Central de Inteligência Americana (CIA), dos Estados Unidos; a Agência Britânica de Informações (MI6), da Inglaterra; o Comitê de Segurança do Estado (KGB), da União das Repúblicas Socialistas Soviéticas (URSS); o Instituto de Inteligência e Operações Especiais (Mossad), de Israel; e o Serviço Federal de Inteligência (BND), da Alemanha. Trataremos dessas agências com mais detalhes a seguir.

■ **Central de Inteligência Americana (CIA)**
Órgão criado em 1947 pelo presidente Harry S. Truman por meio do Ato de Segurança Nacional, a CIA trata de assuntos relacionados à segurança e à gestão dos grupos das ações correlatas à inteligência nos Estados Unidos.

---

* Seção elaborada com base em Costa Júnnior (2011).

A atribuição da CIA consiste em realizar toda a administração da inteligência internacional e auxiliar especialistas responsáveis pelos processos decisórios, bem como o presidente, em temas referentes à segurança estadunidense. Um fato curioso é que, ainda que seja terminantemente proibida de realizar atos de espionagem e assassinato contra cidadãos americanos, o órgão já foi várias vezes acusado de ir contra as próprias políticas.

Além de suas históricas inconsistências, a CIA já foi responsável por erros estratégicos de enormes proporções. Entre eles, podemos elencar a falha em prever o ataque do Império Japonês à base naval de Pearl Harbor, no Havaí. Esse equívoco foi a alavanca que levou os Estados Unidos a participar dos esforços contra os países do Eixo no teatro de guerra europeu.

Das muitas atribuições da agência estadunidense, por muitos anos, a mais ferrenha foi o combate ao comunismo e à influência da URSS nos países atrás da linha da Cortina de Ferro.

No decurso de sua existência, a Cia foi marcada por inúmeros relatos de escândalos envolvendo a atuação do órgão em eventos de repercussão internacional. No ano de 1953, a CIA comandou a derrubada do então primeiro-ministro do Irã, Mohammad Mossadegh, para restituir ao poder o xá Mohammad Reza Pahlavi, como uma "ação de política externa" relacionada à tentativa de nacionalização, pleiteada por Mossadegh, da Companhia Anglo-Iraniana de Petróleo, então sob o comando da Grã-Bretanha. Já no ano de 1961, a influência da agência se fez sentir na invasão da Baía dos Porcos, localizada em Cuba, por parte de um grupo paramilitar cubano incentivado pelo órgão. Desastroso, o evento custou a vida de americanos e teve como resultado a derrota dos paramilitares.

No âmbito doméstico, os Estados Unidos testemunharam outra ação polêmica de grande repercussão internacional no Caso Watergate, ocorrido em 1972: ex-agentes da CIA, muitos diretamente relacionados ao comitê de campanha do então candidato à reeleição Richard Nixon, foram acusados de invadir o quartel do Comitê Nacional Democrático.

Aldrich Ames, agente da CIA, marcou mais uma vez o nome da CIA nos anais dos desastres da agência: espião da inteligência russa por nove anos, Ames, generosamente patrocinado pela URSS, delatou inúmeros agentes americanos que prestavam serviço para o bloco soviético.

Outro forte golpe contra a imagem da agência estadunidense foram os ataques às Torres Gêmeas em Nova York, em 2001. Análises realizadas posteriormente indicaram que uma total falta de comunicação entre os órgãos de inteligência do país foi o fator responsável pela falha em antever o atentado. Em razão desse grave problema, toda a estrutura de inteligência estadunidense foi rigorosamente revista.

■ MI6

Criado em 1909 para se ocupar da espionagem internacional a serviço da Inglaterra, o MI6 concentrou-se inicialmente em colocar espiões em posições estratégicas de embaixadas responsáveis por trabalhos de inteligência em vários países. Depois de ter seu sistema de trabalho descoberto, a agência passou a ter como foco a desestruturação do Partido Comunista no país.

A ascensão do nazismo na Alemanha impôs um grande desafio à agência britânica. Muitas foram as mortes de agentes envolvidos em missões do órgão na década de 1930.

Já no contexto da Guerra Fria, a agência se viu às voltas com uma infiltração estruturada da URSS em posições estratégicas de contrainteligência britânica, auxiliada por altos dirigentes do serviço inglês. A partir de 1960, esse jogo se inverteu, principalmente pelas contribuições de Oleg Penkovsky, oficial soviético de alta patente que entregou ao MI6 documentos sensíveis sobre operações russas, que incluíam instalações de mísseis soviéticos em Cuba.

Além da derrubada do primeiro-ministro iraniano em 1953 e das sublevações de grupos militares no Líbano, o MI6 foi marcado principalmente por seus esforços direcionados à URSS. No entanto, com o passar dos anos, o foco da agência passou a ser o combate às iniciativas indicadas na Figura 2.2.

Figura 2.2 – Áreas de atuação do MI6 na atualidade

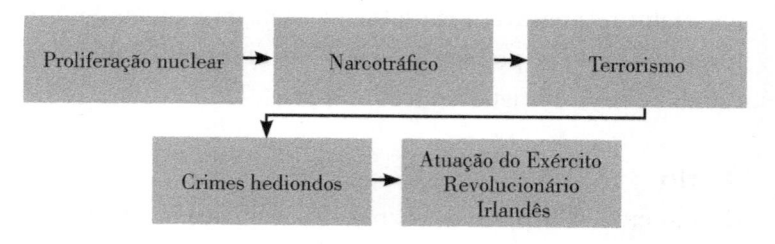

```
Proliferação nuclear → Narcotráfico → Terrorismo
                            ↓
          Crimes hediondos → Atuação do Exército
                             Revolucionário
                             Irlandês
```

Na atualidade, o escopo das ações do MI6 diminuiu consideravelmente, assim como seu orçamento e seu contingente. Administrada pelo cavaleiro Colin McColl, o órgão é hoje caracterizado por uma relativa abertura de seus trabalhos para o público inglês.

■ Comitê de Segurança do Estado, ou Komityet Gosudarstvennoy Bezopasnosty (KGB)

A famigerada KGB foi um dos mais importantes pilares de manutenção da União Soviética. Em seus 40 anos de funcionamento, a agência tem em seu legado uma longa lista de missões bem-sucedidas, tanto em âmbito nacional quanto internacional.

Caracterizada por uma estrutura burocrática robusta, a agência soviética tinha as atribuições indicadas na Figura 2.3.

Figura 2.3 – Atribuições da KGB

- Espionagem internacional
- Contraespionagem
- Segurança em fronteiras
- Proteção de lideranças políticas

O ápice de suas atividades se deu na Guerra Fria. Com poderes que não só rivalizavam, mas superavam (de acordo com certas análises) a CIA e o MI6 juntos, a KGB criou uma extensa sombra que ameaçava todo e qualquer segredo científico ou bélico do Ocidente. Atuando por meio de variados disfarces, a agência colheu inúmeras informações e dados importantíssimos para a expansão nuclear soviética. Tudo graças a operações bem-sucedidas em solo estadunidense.

Organização extremamente centralizada, a KGB atuava nos seguintes segmentos:
» suporte logístico aos agentes locados ilegalmente em outras nações com identidades falsas;
» comando do departamento técnico e científico com atividades voltadas à contraespionagem;

» negócios e operações envolvendo atividades ilegais como sequestros, atentados e assassinatos;
» repressão de movimentos internos de manifestações contrárias o poder político vigente na URSS;
» comando das guardas de fronteiras;
» controle de inúmeros escolares.

O teatro de atuação da KGB também se estendia à Europa: ações na Hungria em 1965, a construção do muro de Berlim e intervenções na Tchecoslováquia e na Polônia faziam parte do trabalho da agência soviética.

Entretanto, a KGB se viu diante do fracasso na invasão do Afeganistão em 1979. Armados e financiados pelo Ocidente, os rebeldes do país apresentaram uma longa resistência que por fim desbaratou os esforços soviéticos. No campo da corrida armamentista, a URSS se viu incapaz não só de superar seu concorrente estadunidense como também de manter sua própria estrutura. Com o fim do bloco soviético, o desmonte de sua agência de espionagem foi mera consequência.

■ Mossad

O Instituto de Inteligência e Operações Especiais nasceu praticamente em paralelo ao Estado de Israel. Criado em 1951, ligado diretamente à autoridade do primeiro-ministro e com sede em Tel Aviv, o órgão dispõe da estrutura descrita no Quadro 2.1.

Quadro 2.1 – Infraestrutura do Mossad

Departamento de Tecnologia	Emprego de tecnologia de ponta para a realização das operações.
Departamento de Pesquisa	Obtenção constante de dados acerca da dinâmica mundial.

(continua)

(Quadro 2.1 – conclusão)

Departamento de Psicologia	Realização de guerras e criação de propagandas psicológicas.
Divisão de operações especiais	Execução de assassinatos e sabotagens.
Departamento de Ação Política	Atuação em cenários de tensão política com aliados e inimigos.
Departamento de Coleta	Realização de operações oficiais de espionagem e contraespionagem.

Entre os grandes feitos da agência israelense, cabe citar: o sequestro do nazista Adolf Eichmann em 1960; o acesso ao discurso contrário a Stalin de Nikita Khrushchov; as contribuições da inteligência do órgão, referentes ao espaço aéreo egípcio, que influenciaram o conflito árabe-israelense (preventivo, de acordo com Israel) conhecido como *Guerra dos Seis Dias*, motivado por um temor de invasão por parte do Estado de Israel; a eliminação de membros de uma gangue que sequestrou e matou vários integrantes da delegação esportiva israelense nos Jogos Olímpicos de Munique, em 1972; o fornecimento de informações importantes na invasão ao Líbano, em 1978.

A maior falha da agência sobreveio em 1991, quando o órgão não teve êxito em eliminar Saddam Hussein. Já em 2001, o Mossad emitiu vários alertas à CIA em relação a projetos de ataque da Al-Qaeda aos Estados Unidos, mas foi ignorado.

■ **Serviço Federal de Inteligência, ou Bundesnachrichtendienst (BND)**

Criada em 1920 em paralelo ao recrudescimento do movimento nazista, o BND era à época do regime de Hitler conhecido como *Organização de Inteligência Nazista*, posteriormente denominada *Organização Gehlen*, localizada na Alemanha Central.

Realocada na República Federal Alemã em 1956, a organização passou a se chamar *Serviço Federal de Inteligência*, ou Bundesnachrichtendienst (BND). Com atuação exclusiva em âmbito internacional, teve papel fundamental nas instalações balísticas soviéticas em Munique. No contexto da Guerra Fria, praticamente todos os seus agentes atuavam como agentes duplos.

Com as relações entre Estados Unidos e Alemanha devidamente restabelecidas em 1990, os olhos das duas nações se voltaram para a convulsões dos Bálcãs. CIA e BND influenciaram diretamente no processo de independência de Kosovo, bem como na criação da Albânia e na consolidação do governo croata.

No ano de 1994, graças à promulgação de lei de combate ao crime na Alemanha, ao BND foi permitido o rastreio de chamadas telefônicas de todos os cidadãos do país, com o propósito de reunir informações de inteligência. Com atuação em mais de cem países, o órgão dispõe de fortes ligações com outras agências de inteligência do mundo, bem como com empresas do ramo e com forças militares e policiais de várias nações. De acordo com especulações, a agência teve influência direta na invasão estadunidense do Iraque, em 2003.

2.3 Inteligência e contrainteligência organizacionais*

Os trabalhos realizados por um órgão de inteligência visam à proteção de seus próprios dados e, ao mesmo tempo, à captação de informações de outras agências. Portanto, a garantia

---

* Seção elaborada com base em Costa Júnnior (2011).

da segurança demanda um vasto repertório de dados de elevada importância que, obviamente, devem contar com recursos robustos de proteção.

Por sua vez, o profissional que atua na segurança privada deve estar preparado para atuar em ambientes distintos a fim de garantir a segurança de seus clientes. Isso posto, Silva (2015, p. 38) afirma que

> *É necessário que os profissionais das empresas de segurança privada tenham uma formação sabendo da importância que tem a relação com a segurança pública e da obrigatoriedade de conhecer o Sistema Nacional de Segurança Pública (SNSP), como também os meios de acionamento dos órgãos de segurança pública e de como transmitir as observações e dados obtidos nos seus ambientes de trabalho.*

Importante!

Vale destacar que a inteligência na segurança privada visa à compreensão das atribuições e perfis dos gestores, dos diretores, dos governantes e dos comandantes responsáveis por coordenar uma empresa ou um órgão, apontando quais são os problemas e as ameaças relacionados à segurança do público-alvo. Desse modo, a inteligência é uma área que busca proteger os dados que, depois de serem obtidos por um inimigo ou adversário por meio de operações especiais, podem ser empregados para a insegurança dos clientes, das empresas, dos cidadãos e dos Estados vulneráveis. Conforme Cruz (2013, p. 12), *a atividade de inteligência de segurança pública [...] tem por finalidade subsidiar o gestor, tomador de decisão, na tomada de decisão mais adequada para a preservação da segurança do cidadão e do Estado.*

O termo inteligência é relacionado por muitos pesquisadores com a relação e entendimentos secretos que geralmente ocorrem dentro e fora de um território. Derivado da palavra inglesa **intelligence**, *dependendo do enfoque que se é dado, designa serviço secreto, serviço de segurança. É uma instituição do Estado à disposição dos governantes na tomada de decisões. A Atividade de Inteligência envolve uma série de temas, podendo destacar o terrorismo, o crime organizado, o narcotráfico, a lavagem de dinheiro.*

[...]

A atividade de inteligência consiste, basicamente, na busca e coleta de dados para a produção de conhecimento, com o intuito de subsidiar o tomador de decisão de forma mais precisa e eficaz, visando a proteção da sociedade e do Estado.

Vive-se atualmente a era do conhecimento, onde a matéria prima é a informação. E a quantidade de informações e fontes é enorme, e o modo como se disseminam é muito rápido. Isso só ressalta a importância da atividade de inteligência, que de forma sistemática e metodológica, busca e coleta de dados transformando-os em conhecimento qualificado para subsidiar o tomador de decisão, para que ele haja a minimizar as incertezas e agindo de forma pontual nos assuntos de interesse da sociedade e do Estado.

No âmbito do senso comum, a segurança é igualada à inteligência. Essa confusão acontece porque essas atividades coexistem de modo sinérgico no trabalho de cada um dos agentes associados a um conflito de informações. Sob a ótica operacional, a primeira visa assegurar que certos indivíduos e grupos saibam apenas o que se deseja sobre determinado fenômeno, evento, pessoa ou produto; a segunda busca uma compreensão estratégica de outrem. Em ambas as situações, os objetivos são atingidos por meio de organizações diferentes.

Posto isso, cabe observar que os órgãos de inteligência têm como atribuição garantir a segurança, uma vez que as medidas e os padrões protetivos se ligam diretamente às operações, aos equipamentos, ao pessoal, à comunicação, às instalações e às informações. A segurança da informação, por sua vez, está relacionada com o desenvolvimento de técnicas ofensivas de inteligência que englobam restrições aos sujeitos nos aspectos indicados na Figura 2.4.

Figura 2.4 – Técnicas ofensivas de inteligência aplicadas à segurança da informação

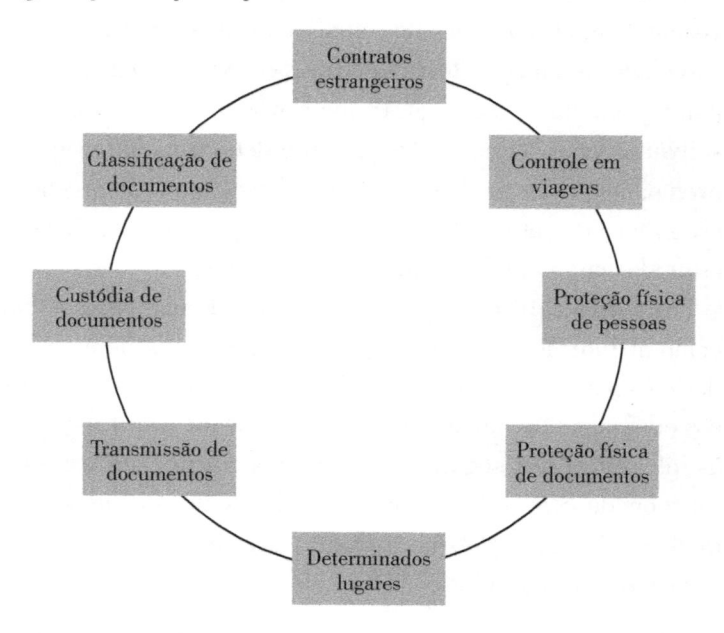

- Contratos estrangeiros
- Controle em viagens
- Proteção física de pessoas
- Proteção física de documentos
- Determinados lugares
- Transmissão de documentos
- Custódia de documentos
- Classificação de documentos

Existem ainda as disciplinas defensivas relacionadas à segurança que envolvem a contrainteligência, a contraespionagem e a eliminação física de agentes com sua detecção e neutralização. Por meio da prisão de agentes, consegue-se obter parâmetros acerca da Inteligência adversária. Quanto a isso, Santos (2016, p. 13) afirma que

> *A contrainteligência é uma área de conhecimento inter e transdisciplinar pelo fato de que, além do seu objeto demandar diversidade em suas abordagens, estuda os processos relacionados à organização, à produção, à transmissão e ao uso da informação e do conhecimento. Esses processos são abrangentes por abarcarem estudos que envolvem hermenêutica, linguística, mediação, cultura, comunicação, tecnologia da informação, ontologias, gestão, estratégia, processos, pessoas, entre outros.*

A área de segurança da informação é formada por três componentes principais: segurança defensiva; detecção e neutralização de ameaças; e fraudes. A segurança defensiva é aplicada nos setores identificados na Figura 2.5.

Figura 2.5 – Setores de aplicação da segurança defensiva

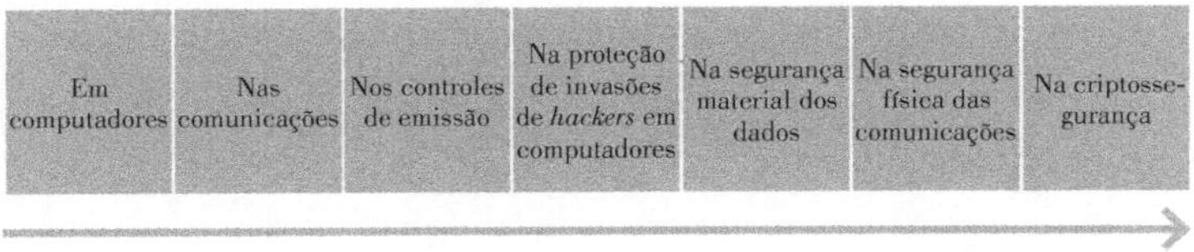

Em computadores	Nas comunicações	Nos controles de emissão	Na proteção de invasões de *hackers* em computadores	Na segurança material dos dados	Na segurança física das comunicações	Na criptossegurança

No Brasil, as atividades da informação foram confundidas por muitos anos com a segurança nacional. Numa tentativa de minimizar esse problema, no final dos anos 1960 foram criados dois órgãos para evitar o equívoco: o Centro de Informações e Segurança da Aeronáutica (Cisa) e o Centro de Informações do Exército (CIE), ambos respondendo às Forças Armadas. Antes da tomada do poder por parte dos militares em 1964, implementou-se uma terceira força, o Centro de Informações da Marinha (Cenimar).

Exercício resolvido

É comum que se considerem os termos *segurança* e *inteligência* como equivalentes, o que não é verídico e acaba confundindo as pessoas. Essas atividades apresentam objetivos distintos. Qual é a alternativa que define corretamente a segurança?

a. A segurança busca garantir que terceiros saibam apenas o que se deseja de dado fenômeno, evento, pessoa ou produto, evitando a transmissão de dados de maneira inapropriada, o que tende a resultar em inúmeros problemas.
b. A segurança busca compreender dado fenômeno, evento, pessoa ou produto de modo estratégico, a fim de desenvolver ações para assegurar os interesses organizacionais.
c. A segurança busca entender o comportamento de gestores, diretores, governantes e comandantes para que esses sujeitos possam atuar no processo de melhoria contínua.
d. A segurança é um campo que visa assegurar a proteção dos dados que, depois de serem obtidos por um inimigo ou adversário, são empregados para impor insegurança e vulnerabilidade a clientes, empresas, cidadãos e Estados.

Gabarito: a

Feedback do exercício em geral: É comum que a segurança seja considerada como inteligência. Esse tipo de confusão acontece porque essas atividades coexistem de modo sinérgico em cada caso de conflito de informações. No entanto, existem diferenças. Sob a ótica operacional, a primeira busca garantir que indivíduos e grupos saibam apenas o que se deseja de dado fenômeno, evento, pessoa ou produto, enquanto a segunda busca compreender outrem de modo estratégico. Em ambas as situações, as finalidades são alcançadas por meio de organizações diferentes.

No ano de 1967, com o surgimento do SNI, os órgãos anteriormente citados associaram-se e passaram a agir em defesa do

Estado da Segurança Nacional por meio do cultivo do segredo. Vale mencionar que as organizações sempre buscaram o sigilo, elemento que pode ser utilizado de dois modos distintos além do tradicional método intencional de reter informações. O primeiro deles é a **mentira**. Nesse caso, retêm-se os dados, que, por sua vez, serão substituídos por outros. Há ainda a **meia verdade**, em que se revela o segredo de forma parcial.

Há várias maneiras de se interferir na verdade que um terceiro dá por incontestável, processo conduzido por meio da divulgação de conhecimentos parciais de dados. A meia verdade, por exemplo, tende a criar certa impressão de que as partes são falsas até determinado ponto, pois algumas informações verdadeiras são apresentadas.

> ### Importante!
>
> No século XIX, os constantes conflitos bélicos demandavam um grande volume de atividades de inteligência por parte dos exércitos. Esse evento resultou na criação de um setor responsável por desenvolver tarefas de coleta e planejamento dos dados, de modo que os generais pudessem utilizá-los de modo responsável. Em paralelo, começaram a surgir as primeiras polícias secretas para tentar evitar a ocorrência de possíveis revoluções da população, culminando no surgimento de mecanismos de vigilância voltados à interceptação de informações e de cartas.
>
> No final da Segunda Guerra Mundial, surgiram inúmeros departamentos de investigação criminal que empregavam diversas técnicas científicas para investigações, indo desde a apreensão e a detecção até a atividade de armazenamento de dados que pudessem ser posteriormente usados de maneira estratégica.

É necessário distinguir os sistemas de inteligência dos sistemas governamentais:
» Os sistemas de inteligência consistem em organizações que têm como atividade-fim defender o campo de dados em que se visa compelir agentes uns contra os outros.
» Os sistemas governamentais disseminam, analisam e obtêm dados acerca de alvos e problemas relevantes para políticas externas do Estado.

Nesse sentido, a natureza da inteligência das novas organizações passa a ser especulada no que tange ao provimento de dados, ou seja, quanto à função primária. A razão disso é que há por trás desse elemento um objetivo secundário voltado à maximização e ao domínio do poder em contextos e períodos nacionais variados.

Diante desse cenário, podemos afirmar, ao menos com base em fortes indícios, que na atualidade a inteligência caracteriza-se pela dualidade. Para o sociólogo Anthony Giddens, o controle de dados relevantes acerca dos cidadãos por parte do Estado e os recursos das nações nesse âmbito foram importantes para conferir ao governo a máxima autoridade. Charles Tilly, por sua vez, destaca as ações de agências de inteligência com ênfase coercitiva:

> *Governantes (...) enfrentaram alguns problemas comuns, mas o fizeram de modo diferente. Forçosamente, distribuíram os meios de coerção de forma desigual por todos os territórios que tentaram controlar. Na maioria das vezes, concentraram a força no centro e nas fronteiras, tentando manter a sua autoridade entre um e outro por meio de grupos coercivos secundários, leais aplicadores locais de coerção, patrulhas volantes, e pela disseminação de órgãos de inteligência.* (Tilly, 1996, p. 72, citado por Costa Júnnior, 2011, p. 26)

Trata-se de ideias distintas: Giddens dá importância aos sistemas informacionais, mas não os associa diretamente aos órgãos de inteligência; já Tilly entende que a prerrogativa dos órgãos de inteligência é eminentemente coercitiva, incidindo sobre os indivíduos. Nesse caso, há dois riscos:
1. uma grande chance de os modernos serviços de inteligência serem imediatamente associados com as iniciativas dessa natureza que os antecederam;
2. o modo genérico como as agências de inteligência são conceituadas, bem como a incapacidade de tais órgãos de encarar as razões que os fazem mais repressivos em relação a outras instituições.

Tendo tais problemas em mente, devemos salientar que, em sua história, serviços e agências de inteligência foram constantemente ativados e desativados desde o período absolutista até a atualidade. E não só isso: suas atribuições e especificidades foram modificadas à exaustão. Em razão dessa dinâmica, a conceituação e a análise de órgãos de inteligência muitas vezes são empreendidas de maneira equivocada.

Segundo Cepik (2002, p. 90, citado por Costa Júnnior, 2011, p. 27), "um outro problema na caracterização dos serviços de inteligência é a de que as macrofunções realizadas por eles seriam apenas uma parte da explicação sobre o motivo do seu surgimento e, ainda, qual perfil organizacional atual eles possuíam".

Muitos países têm à sua disposição agências e organizações privadas de inteligência que atuam em sinergia com órgãos ministeriais, com o objetivo de garantir o cumprimento de acordos e tratados firmados entre Estados, bem como estruturar grupos responsáveis pela resolução de crises. Há também agências encarregadas da captação de informações em âmbito externo; nesse caso, essas instituições respondem a secretários

gerais, primeiros-ministros e presidentes. Entre essas organizações, podemos destacar:
- » Central de Inteligência Americana (CIA);
- » Mossad;
- » Sluzhba Vneshney Razvedki (SVR);
- » Direction Générale de la Sécurité Extérieure (DGSE);
- » Servizio per le Informazioni Generali e Sicurezza (SISDE);
- » Bundesnachrichtendienst (BND).

Convém notar que as ações de agências de inteligência são bastante similares no que se refere ao seu *modus operandi* de coleta de dados em âmbito internacional, bem como em sua estrutura e arranjo de pessoal.

No século XX, o número de trabalhos realizados por órgãos de inteligência e policiais na esfera internacional recrudesceu consideravelmente. As atribuições dos agentes dessas organizações incluíam o estabelecimento de alianças em diversas regiões do mundo, a interceptação de comunicações de embaixadas estrangeiras e a perseguição a opositores.

> **Para saber mais**
>
> As atividades de inteligência e contrainteligência são essenciais para que empresas públicas e privadas desenvolvam medidas estratégicas voltadas à sua projeção no mercado e à sua competitividade. Para saber mais sobre esse tema, leia a seguinte tese:
>
> ESPUNY, H. G. **Conhecimento e gestão**: a atividade de inteligência na Polícia Civil do Estado de São Paulo. 167 f. Tese. (Doutorado em Engenharia da Produção) – Universidade Paulista, São Paulo, 2016. Disponível em: <https://repositorio.unip.br/dissertacoes-teses-programa-de-pos-graduacao-stricto-sensu-em-engenharia-de-producao/conhecimento-e-gestao-as-atividades-de-inteligencia-na-policia-civil-do-estado-de-sao-paulo/>. Acesso em: 16 ago. 2022.

Já nos processos de descolonização ocorridos no período da Guerra Fria e nos atentados terroristas observados em meados da década de 1970, outras iniciativas passaram a fazer parte das atribuições de agentes de órgãos de inteligência e contrainteligência. Entre as adicionadas ao portfólio das organizações, vale mencionar as indicadas na Figura 2.6.

Figura 2.6 – Atribuições de agentes de órgãos de inteligência no período da Guerra Fria

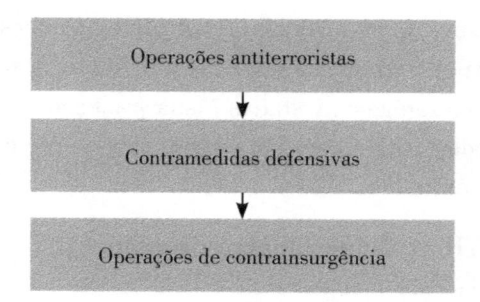

```
┌─────────────────────────────────────┐
│     Operações antiterroristas       │
└─────────────────────────────────────┘
                  ↓
┌─────────────────────────────────────┐
│     Contramedidas defensivas        │
└─────────────────────────────────────┘
                  ↓
┌─────────────────────────────────────┐
│  Operações de contrainsurgência     │
└─────────────────────────────────────┘
```

No que diz respeito às iniciativas empreendidas por redes de inteligência, estas, normalmente, são feitas por várias agências: nos EUA, por exemplo, a CIA (agência que desenvolve suas tarefas nas fronteiras) e o Federal Bureau of Investigation (FBI), ligado às questões de inteligência interna no país, trabalham em parceria nessa esfera. Graças a esse arranjo, a expansão de missões voltadas aos serviços de inteligência interna (restritos, inicialmente, ao policiamento político da oposição) passou a contemplar, mais tarde, a inteligência, o contraterrorismo e a contrainteligência nas mais diversas áreas para combater o crime organizado, aproximando tais serviços de unidades investigativas dinâmicas voltadas ao combate:

» de crimes eletrônicos;
» de lavagem de dinheiro;
» de fraudes financeiras;
» do narcotráfico.

É importante mencionar que, em paralelo a esse fenômeno, desenvolveu-se especialmente a contrainteligência. De acordo com a Abin (2020, p. 1),

A Contrainteligência tem como atribuições a produção de conhecimentos e a realização de ações voltadas para a proteção de dados, conhecimentos, infraestruturas críticas – comunicações, transportes, tecnologias de informação – e outros ativos sensíveis e sigilosos de interesse do Estado e da sociedade.

O trabalho desenvolvido pela Contrainteligência tem foco na defesa contra ameaças como a espionagem, a sabotagem, o vazamento de informações e o terrorismo. Podem ser patrocinadas por instituições, grupos ou governos estrangeiros.

A atuação da Contrainteligência [...] contribui para a salvaguarda do patrimônio nacional sob a responsabilidade de instituições das mais diversas áreas, consideradas de interesse estratégico para a segurança e para o desenvolvimento nacional.

Desse modo, a contrainteligência estimula o uso de técnicas e métodos de inteligência que possibilitaram uma integração mais estreita entre as diferentes agências, de modo a melhorar a sinergia desses órgãos. A tendência é que essa dinâmica só se fortaleça, criando-se novos subsistemas de inteligência.

Exercício resolvido

A inteligência e a contrainteligência são atividades relevantes para as organizações na atualidade, tanto para as públicas como para as privadas. Essas atividades são integradas e contribuem para assegurar os interesses de Estados e nações. Acerca dessas atividades, assinale a alternativa **incorreta**:
   a. As atividades de contrainteligência dispõem de especificidades muito similares no que se refere à coleta de dados no âmbito inrternacional.

b. A contrainteligência usa cada vez mais técnicas e métodos de inteligência, e as agências responsáveis por essa iniciativa trabalham de maneira cada vez mais integrada.
c. Os órgãos de inteligência têm como atribuição garantir a segurança, uma vez que as medidas e os padrões protetivos se ligam diretamente às operações, aos equipamentos, ao pessoal, à comunicação, às instalações e às informações.
d. A inteligência é uma área que busca proteger os dados que, depois de serem obtidos por um inimigo ou adversário por meio de operações especiais, podem ser empregados para tornar os clientes, as empresas, os cidadãos e os Estados inseguros e vulneráveis.

Gabarito: a

***Feedback* do exercício em geral**: As atividades de inteligência no exterior são bastante similares, especialmente no que diz respeito ao acúmulo de dados no exterior. A contrainteligência, por sua vez, usa cada vez mais técnicas e métodos de inteligência em combinação com uma progressiva integração entre as agências do mundo. Os órgãos de inteligência garantem a segurança, uma vez que as medidas e os padrões protetivos se ligam diretamente às operações, aos equipamentos, ao pessoal, à comunicação, às instalações e às informações. Além disso, a inteligência é uma área que busca proteger os dados que, depois de serem obtidos por um inimigo ou adversário por meio de operações especiais, podem ser empregados para tornar os clientes, as empresas, os cidadãos e os Estados inseguros e vulneráveis.

Nesse sentido, a segurança interna das nações é empregada tendo como base o processo político em que o Estado se encontra, isto é, um governo reduzido com segurança externa mais elevada e menor tolerância. Com isso, mesmo em países com a prevalência da grande democracia, observa-se uma linha muito tênue entre os direitos individuais, a privacidade e a diligência do Estado.

> ## Consultando a legislação
>
> No Brasil, a Lei n. 13.709, de 14 de agosto de 2018 – Lei Geral de Proteção de Dados Pessoais (LGPD) – passou por inúmeras adaptações a fim de conferir maior segurança aos cidadãos do Brasil. Empresas privadas ou públicas que comercializam, processam, guardam, tratam ou coletam dados de indivíduos precisam passar a observar o instrumento normativo. Além disso, haverá diversas modificações na política de proteção dos dados de privacidade e pessoais, sendo alterados alguns artigos existentes no Marco Civil da Internet. Outras normas também serão impactadas, afetando de modo drástico o modo como órgãos públicos e empresas abordam a temática da segurança e da privacidade dos dados coletados de seus usuários e clientes.
>
> BRASIL. Lei n. 13.709, de 14 de agosto de 2018. **Diário Oficial da União**, Poder Executivo, Brasília, DF, 15 ago. 2018. Disponível em: <http://www.planalto.gov.br/ccivil_03/_ato2015-2018/2018/lei/l13709.htm>. Acesso em: 16 ago. 2022.

Tendo em vista o que foi exposto anteriormente, Silva (2015, p. 39) afirma:

Com o objetivo de aumentar a eficiência de seus serviços, muitas empresas de segurança privada estão firmando parcerias com instituições de segurança pública, seja na troca de informações, seja em ações conjuntas, nas quais a integração é crucial para a atividade de segurança.

A vigilância eletrônica em bancos com alarmes interligados a centrais de emergência de organizações de segurança pública também são uma realidade cada vez mais presente no cotidiano das referidas instituições.

Portanto, conhecer os órgãos de inteligência públicos, bem como suas particularidades, permite que as agências de segurança privada possam repassar as informações de um ocorrido de maneira eficiente para essas entidades.

Síntese

As atividades de inteligência remontam ao século IV a.C. Sua influência ganhou maior projeção a partir da Segunda Guerra Mundial, quando vários países passaram a implementá-las.

A inteligência pode ser conceituada de diferentes formas: como organização, como uma atividade peculiar e como um tipo de informação.

No Brasil, em 1927, a inteligência surgiu durante o governo de Washington Luís. Em 1994, ocorreu no país, na Câmara dos Deputados, o Primeiro Seminário de Inteligência. O ex-presidente Fernando Henrique Cardoso criou a Abin, principal órgão de inteligência brasileiro na atualidade, que atua na inteligência e na contrainteligência.

As principais agências de inteligência do mundo são a CIA, dos Estados Unidos; o MI6, da Inglaterra; a antiga KGB (hoje FSB), da Rússia; o BND, da Alemanha; e o Mossad, de Israel.

Um dos principais objetivos da inteligência é obter informações com outros agentes de modo a proteger capacidades e neutralizar outros agentes em função de suas próprias informações.

As disciplinas relacionadas à segurança são a contrainteligência, a contraespionagem e a eliminação física de agentes com sua detecção e neutralização.

Para manter o sigilo, algumas técnicas podem ser utilizadas, como a retenção das informações, a mentira e a meia verdade.

As missões de inteligência normalmente são realizadas por agências em conjunto.

III

Segurança física, lógica e ambiental

Conteúdos do capítulo:

» Segurança física, lógica e ambiental.
» Controles em segurança (preventivos, detectivos e corretivos).
» Relação entre segurança física, lógica e ambiental.
» Considerações acerca da segurança física, lógica e ambiental.
» Políticas de segurança da informação.

Após o estudo deste capítulo, você será capaz de:

1. entender a diferença entre segurança física, lógica e ambiental;
2. identificar os diferentes tipos de controle na segurança;
3. reconhecer as relações existentes entre segurança física, lógica e ambiental;
4. apontar particularidades da segurança física, lógica e ambiental;
5. descrever as políticas de segurança da informação.

O tratamento de dados na atualidade requer cuidado extremo, tendo em vista o aumento no volume de informações geradas em face da evolução dos sistemas produtivos; portanto, a preocupação com a segurança é indispensável. Nesse contexto, as organizações precisam buscar maneiras de garantir que o acesso a dados ocorra no momento oportuno e tenha sua integridade assegurada. Muitas são as formas de se realizar esse trabalho, sendo as principais as físicas, as lógicas e as ambientais. Esses elementos, empregados de modo interligado, são utilizados no desenvolvimento de ações e processos conjuntos que permitem a correta execução de atividades organizacionais, bem como a preservação de suas informações mais relevantes.

Vale apontar que a consolidação adequada da segurança física, lógica e ambiental exige a formulação de políticas voltadas à segurança da informação, pois a combinação desses elementos contribui para a segurança da execução dos processos. Além disso, problemas como acessos indesejados e danos em equipamentos podem ser efetivamente evitados.

3.1 Técnicas e ferramentas da qualidade

Antes de abordarmos a segurança física, lógica e ambiental, precisamos indicar técnicas e ferramentas da qualidade que podem ser utilizadas para avaliar o tempo de funcionamento e o desempenho dos equipamentos empregados para esse trabalho.

Exemplificando

Uma das ferramentas usadas para a segurança física, lógica e ambiental é o *Mean Time Between Failure* – MTBF ("tempo médio entre falhas", em português), por meio do qual se pode prever a confiabilidade dos dispositivos. Trata-se do "tempo médio entre falhas sucessivas de um produto reparável [...] Durante determinado tempo, há o reparo, e o funcionamento volta a se regularizar, permanecendo assim até que venha a falhar novamente [...]. O ciclo se repete com novo reparo, funcionamento, até nova falha e assim sucessivamente" (Silva et al., 2015, citado por Rocha, 2019, p. 38). Logo, quanto maior for o tempo médio, melhor será o desempenho. Para exemplificar o uso desse instrumento, podemos mencionar o guia de *switches* desenvolvidos pela Cisco, como mostra o Quadro 3.1, a seguir.

Quadro 3.1 – MTBF para Cisco Catalyst 9400 Series Switch

Part Number	Rated MTBF (Hours)
C9404R	2,077,070
C9407R	1,571,010
C9410R	1,404,840

Fonte: Cisco..., 2022.

É, portanto, indispensável garantir que equipamentos como *access point*, *routers*, *switches* e demais ativos de rede sejam monitorados, restritos e condicionados de maneira adequada. Deve-se levar em consideração ainda que existem possíveis vírus e infiltrações na internet, que, por sua vez, requerem o emprego de mecanismos para proteger e bloquear a rede interna contra aplicativos prejudiciais aos sistemas, que tendem a resultar em falhas, captação indevida de informações e paralisação dos sistemas, como no caso de *malwares*, *keyloggers*, *spywares*, *trojan* e vírus.

Tais ameaças da era da informação exigem a criação e a aplicação de soluções de antivírus dotadas de mecanismos eficientes de combate a possíveis ataques e ameaças em sítios disponíveis na internet. Na atualidade, é possível criar determinados filtros e barreiras para restringir o acesso da rede interna para a externa e vice-versa. Entre esses instrumentos, podemos citar os bloqueios a protocolos, portas e pacotes. Os *firewalls*, por exemplo, são empregados quando se deseja criar barreiras ou gerenciá-las, impedindo e bloqueando, por meio de uma série de regras, os acessos indesejados.

Importante!

Existem maneiras de se utilizar o *firewall*, seja em computadores, seja em sistemas operacionais, como *iptables* ou *ipchains*, usados para liberar ou bloquear protocolos e portas ligadas ao acesso à internet. Há outras opções, como o uso de duas placas de rede para acesso interno e externo ou o emprego de um dispositivo projetado fisicamente para executar tal função (*appliance*). É preciso frisar que os computadores devem ser alterados apenas pela equipe de Tecnologia da Informação (TI) ou, quando isso não for possível, por profissionais autorizados, de modo a evitar que problemas possam vir a surgir e acometer o sistema.

Ao serem inseridos em centrais de dados como algo tangível, os computadores ampliaram a preocupação das organizações com a segurança. Em razão desse evento, não só a segurança física passou a chamar a atenção – esforços direcionados à segurança de informações digitais, ou seja, a segurança em meio eletrônico, tornaram-se uma obrigação diária em muitas empresas a partir do momento em que os computadores iniciaram o processo de compartilhamento e comunicação de dados em rede. Por esse motivo, bancos de dados passaram a ser protegidos contra possíveis ataques, agentes internos, entre outros inconvenientes.

Nesse cenário, inserida em uma política para a segurança da informação, temos a segurança física, que equivale à utilização de equipamentos e ferramentas para controlar os dados de **modo tangível** (controle de acesso, controle de intrusão, câmera de vigilância, entre outros elementos). Os computadores, por si sós, já são exemplo desse recurso: caso não haja certo nível de segurança física na entrada e na saída de pessoas, alguém não autorizado pode interagir com o terminal e manipular alguma informação da organização. A segurança física é, pois, indispensável para assegurar a integridade dos dados. Em face do exposto, pode-se afirmar que

> *A segurança física ou perimetral é apenas uma das inúmeras formas de se preservar informações. Levando em consideração apenas os mecanismos de segurança física é possível encontrar uma gama de controles de segurança que podem ser aplicados. Estes controles podem variar da utilização de uma recepcionista até controles sofisticados e caros como as salas-cofre.*
>
> *A escolha sobre qual tipo de controle usar vai depender da criticidade da informação para o negócio e dos seus requerimentos de segurança.*
>
> *A segurança física perimetral é contemplada na seção 9 da Norma ABNT NBR ISO/IEC 27002.* (Alexandria, 2009, p. 32)

A Norma Brasileira (NBR) ABNT*/ISO**/IEC*** 27002: 2013 destaca as diretrizes práticas voltadas à segurança da informação nas empresas, englobando o gerenciamento, a implementação e a seleção de controles. Além disso, considera os ambientes de risco de segurança de dados nas instituições, indicando políticas destinadas à criação e ao estabelecimento de princípios gerais e diretrizes para melhorar, manter, implementar e iniciar o processo de gerenciamento da segurança de dados (ABNT, 2013).

Os objetivos estipulados na NBR advêm de diretrizes gerais que tratam de metas, normalmente aceitas, para o gerenciamento da segurança de dados. Por meio dessas diretrizes, as empresas passam a adotar controles e medidas que visam suprir os requisitos pela avaliação/análise de riscos. Desse modo, esse instrumento legal atua como um guia prático que contribui para a criação de procedimentos voltados à segurança da informação das instituições, bem como ao desenvolvimento de medidas eficientes para a criação da confiança das tarefas executadas e o gerenciamento da segurança entre diferentes empresas. Nesse sentido, a NBR aborda as questões indicadas na Figura 3.1.

---

*   Associação Brasileira de Normas Técnicas.
**   Organização Mundial de Normalização.
***   Comissão Eletrotécnica Internacional.

Figura 3.1 – Itens contemplados pela NBR 27002/2013

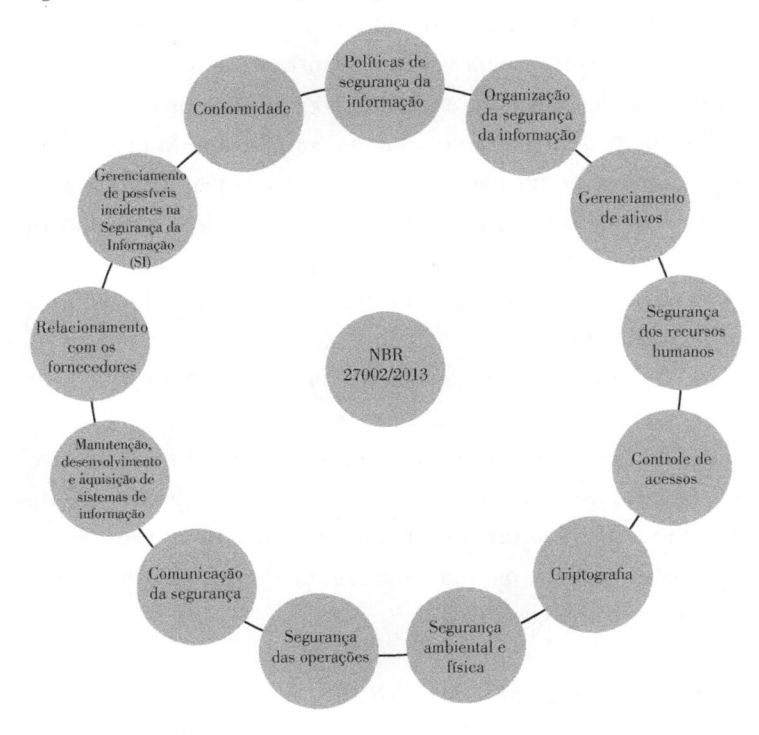

- Políticas de segurança da informação
- Organização da segurança da informação
- Gerenciamento de ativos
- Segurança dos recursos humanos
- Controle de acessos
- Criptografia
- Segurança ambiental e física
- Segurança das operações
- Comunicação da segurança
- Manutenção, desenvolvimento e aquisição de sistemas de informação
- Relacionamento com os fornecedores
- Gerenciamento de possíveis incidentes na Segurança da Informação (SI)
- Conformidade

NBR 27002/2013

Antes de tratarmos da segurança propriamente dita, é importante considerarmos os elementos necessários a uma instalação de processamento de dados. A seguir, apresentamos alguns desses componentes, usualmente encontrados nas empresas. Cabe ressaltar que há várias dificuldades em se indicar uma definição das organizações em função do porte dos equipamentos, pois diversos fatores tendem a culminar em diferentes combinações. Entre esses elementos, destacam-se:

» recursos dos programas envolvidos;
» forma de agrupar os dados;
» modo de processamento;
» volume de dados;
» complexidade de aplicações.

Uma definição mais rígida, pautada em uma ou mais questões mencionadas anteriormente, é importante para os princípios de segurança, uma vez que os torna válidos para todos os sistemas. Desse modo, as instalações para o processamento de dados podem ser denominadas com base em um conjunto de tópicos referentes ao controle e à segurança, englobando:

» o processo para o desenvolvimento dos sistemas de informação;
» os sistemas para a informação que parte de técnicas avançadas;
» os sistemas para informação via computadores;
» os recursos físicos para o processamento dos dados.

Assim, para assegurar a proteção de dados, é indispensável tratar dos equipamentos e suprimentos. Os primeiros são dispositivos que integram os chamados *centros de processamento de dados* (CPDs), os quais comumente englobam os elementos descritos no Quadro 3.2.

Quadro 3.2 – Elementos de um CPD

Computadores	Dotados de terminais de impressoras e de vídeos remotos e locais, vídeo para controlar o sistema, os leitores de cartão, as impressoras, os discos magnéticos e a unidade de processamento central.
Entrada e saída de dados	Equipamentos responsáveis pela atividade de recebimento e envio dos dados.
Meios para arquivar e reter as informações	*Pen-drives*, discos, entre outros elementos.
Equipamentos de sustentação e auxiliares	Ar-condicionado e seus controles, reguladores de voltagem, sistemas para suprir energia em caso de emergência ou geradores.
Equipamentos de telecomunicação e comunicação	Linhas privadas e telefones, dispositivos de comutação, *modens*.

Fonte: Elaborado com base em A sala..., 2021.

O que é

O CPD consiste em um departamento, um setor ou uma entidade voltada a processar as informações a fim de sintetizá-las e tornar o processamento sistemático. O processamento das informações pode ser levado por cabos a recursos físicos, tais como os computadores; porém, para que esses dispositivos as leiam, é preciso dispor de *hardwares* e *softwares* específicos. É normal que os equipamentos físicos estejam interconectados, além de disporem de conexão com a internet para facilitar a troca, o compartilhamento e o envio das informações ao longo da cadeia produtiva (A sala..., 2021).

No que se refere aos suprimentos, destacamos o uso de formulários especiais, padrões e cartuchos para impressoras. No entanto, existem outros a serem considerados, como:
» as documentações internas presentes no controle e na administração do CPD, bem como as de operações, as de programação e as dos sistemas;
» os dados, haja vista que são armazenados em dispositivos como discos, servidores ou nas nuvens;
» os acessórios e móveis, englobando as máquinas para cortar, os móveis da sala de operações, as cadeiras, os armários e as mesas.

O uso dos recursos de informática deve se dar de forma correta e eficiente. Para tal, os *hardwares* e demais ativos da rede precisam ser mantidos de modo restrito e seguro. É comum que a facilidade de acesso dos ativos torne os sistemas de informação altamente vulneráveis. Com isso, os dados podem ser coletados de maneira indevida ou, ainda, ser sabotados, colocando as organizações em risco.

Exercício resolvido

A respeito da proteção, devem ser considerados componentes essenciais a um CPD. Desse modo, existem nesses ambientes instrumentos fundamentais para o trabalho com as informações, que permitem sua proteção para evitar problemas que possam vir a ocorrer. Com base nesse dado, qual alternativa **não** apresenta um equipamento usado em um CPD?

a. Os telefones são alguns dos componentes principais empregados nos CPDs para garantir que as atividades relacionadas com esses recursos sejam executadas adequadamente.

b. Os *pen-drives* são alguns dos componentes principais empregados nos CPDs para garantir que as atividades relacionadas com esse dispositivo sejam executadas adequadamente.

c. O ar-condicionado é um componente empregado nos para garantir que as atividades nos CPDs relacionadas com esse recurso sejam executadas adequadamente.

d. As tempestades são alguns dos componentes principais empregados nos CPDs para garantir que as atividades relacionadas com esse fenômeno sejam executadas adequadamente.

Gabarito: d

> ***Feedback* do exercício em geral**: Os equipamentos que integram os chamados *centros de processamento de dados* (CPDs) são: computadores (terminais de impressoras e de vídeos remotos e locais; vídeo para controlar o sistema; leitores de cartão; impressoras; discos magnéticos e a unidade de processamento central); equipamentos responsáveis pela entrada e saída dos dados; meios para arquivar e reter as informações (*pen-drives*, discos, entre outros elementos); equipamentos de sustentação e auxiliares (ar-condicionado e seus controles, reguladores de voltagem, sistemas para suprir energia em caso de emergência ou geradores); e equipamentos de telecomunicação e comunicação (linhas privadas e telefones, dispositivos de comutação, *modens*).

Por isso, para garantir a segurança para os gestores e os administradores da empresa, é preciso que os dispositivos sejam protegidos contra eventos indesejáveis, como acessos não autorizados e desastres relacionados a acidentes diversos, como incêndios. Além disso, existem inúmeras ameaças que podem impactar a segurança das informações, como: erros humanos; falhas de equipamentos, programas de controle de sistemas e utilitários; ações desonestas e catástrofes em geral. Vejamos com mais detalhes as possibilidades que listamos neste parágrafo no Quadro 3.3, a seguir.

Quadro 3.3 – Problemas que podem prejudicar sistemas de informação

Erros humanos	Relacionam-se com os erros de conferência e/ou de digitação, os danos gerados aos arquivos gerais, como atualização imprópria, e a eliminação indireta de registros. Existe ainda a utilização incorreta e indevida de programas e de arquivos, bem como a execução de comandos por meio de vídeo de controle dos sistemas.
Falhas em equipamentos, programas para controle de sistemas e utilitários	Associam-se a três fatores principais: o processamento correto, mas indevido; a perda de informações no processamento; a interrupção do processamento em virtude da oscilação ou falta de energia ou por defeitos técnicos nos dispositivos.
Ações desonestas	Relacionam-se às causas voltadas à adoção de práticas criminosas com os dados manipulados ou, então, ao uso inadequado de computadores. A avaliação dos crimes por computadores busca determinar relações entre elementos como as condições de ocorrência do evento, o mecanismo empegado e os atos praticados. No entanto, a definição de tal relação tende a ser precária na maioria das organizações, uma vez que obter informações completas acerca dos fatos é difícil, o que impede que os pesquisadores cheguem a conclusões mais precisas sobre o evento.

(continua)

(Quadro 3.3 – continuação)

Ações criminosas	Sabotagem e roubo, em que há a retirada de elementos magnéticos ou objetos ligados aos dados do CPD, a fim de provocar, de modo claro, interrupções no processo ou, ainda, para utilizá-los de forma externa. As sabotagens e roubos mais comuns incluem a apropriação indevida de cartões, *pen-drives*, entre outros elementos de mídia.
	Invasão de privacidade, que se dá quando ocorre acesso não autorizado aos bancos de dados do CPD da empresa, a fim de colher elementos que serão utilizados de modo indevido e ilegal por quem os subtraiu. A utilização ilegal das informações e dos dados pode ser empregada para "agregar vantagem competitiva" a concorrentes da organização. Por isso, o criminoso normalmente vende os dados para outras empresas do ramo. A invasão de privacidade pode ser também o passo inicial para o desencadeamento de fraudes posteriores. Assim, a ação de penetração acontece por meio da leitura de arquivos presentes em servidores, nas nuvens e em outros bancos de dados sem a devida autorização.
	Fraude, que consiste na utilização dos computadores, por exemplo, para promover a geração, a modificação ou a distorção de informações, culminando em vantagens ilícitas para pessoas ou para organizações.

(Quadro 3.3 – conclusão)

Catástrofes em geral	Englobam os eventos que tendem a impactar de modo contundente os recursos físicos, incluindo não apenas os equipamentos, mas também as informações manipuladas pelas instalações. Normalmente, as catástrofes englobam a paralisação parcial ou total das tarefas relacionadas à instalação, culminando na interrupção de grande parte das atividades executadas pelas organizações.
	Atos de desordem civil ou de vandalismo, que são um grande problema, pois as instalações responsáveis por processar as informações contam com grande volume de dados estratégicos para as organizações. Tal tema é amplamente estudado pelo ser humano, resultando em ações de desordem civil ou de vandalismo no sentido de alcançar aqueles ambientes em que a instalação está localizada, com o objetivo de destruí-la e interromper o fluxo produtivo.
	Tempestades, eventos que impactam diretamente as instalações, mas podem afetar também outros meios que fornecem suporte para o CPD. Esses fenômenos podem causar danos à empresa, interromper as atividades executadas no computador e, em paralelo, interromper os canais de comunicação, resultando na paralisação dos dados transmitidos.
	A água, que tende a penetrar, mediante vazamentos ou inundações, em condutores, resultando em curtos-circuitos que causam a destruição dos dispositivos.
	O fogo, que afeta negativamente o CPD, pois esse elemento tem grande sensibilidade a altas temperaturas e ao fogo. Mesmo o fogo não atingindo os servidores, pode haver danos completos em razão da proximidade com temperaturas elevadas.

Fonte: Elaborado com base em Riccio, 1981.

Para evitar que os problemas citados aconteçam, podem ser adotadas algumas medidas para controlar a segurança, a saber:
- » assegurar que o serviço de processamento de dados ocorra de modo contínuo;
- » analisar e registrar as tarefas executadas pelo setor de operações;
- » impedir que os dados sejam utilizados de modo incorreto;
- » não deixar que pessoas não autorizadas acessem a área de informações;
- » identificar quaisquer tipos de erros.

Exercício resolvido

Garantir a segurança para os profissionais que atuam na empresa é uma tarefa complexa e que requer a implementação de ações para que os dispositivos sejam protegidos contra elementos indesejáveis que podem afetar sua integridade. São várias ameaças que rondam a segurança das informações diariamente, como ações desonestas, falhas em equipamentos e catástrofes. Com base no exposto, assinale a alternativa **incorreta** a respeito da segurança:
- a. A NBR ABNT/ISO/IEC 27002:2013 destaca as diretrizes práticas voltadas à segurança da informação nas empresas, englobando o gerenciamento, a implementação e a seleção de controles. Além disso, consideram-se os ambientes de risco de segurança de dados nas instituições.
- b. A estrutura da empresa varia de acordo com fatores como subdivisão interna, porte e atividades-fim.
- c. Várias ameaças podem afetar a segurança das informações, tais como falhas em equipamentos, catástrofes em geral, programas de controle de sistemas e utilitários, erros humanos e ações desonestas.

d. A tempestade é um grande problema, pois as instalações responsáveis por processar as informações contam com grande volume de dados estratégicos para as organizações.

Gabarito: d

Feedback do exercício em geral: A NBR ABNT/ISO/IEC 27002:2013 destaca as diretrizes práticas voltadas à segurança da informação nas empresas, englobando o gerenciamento, a implementação e a seleção de controles. Além disso, consideram-se os ambientes de risco de segurança de dados nas instituições. A estrutura da empresa varia de acordo com fatores como subdivisão interna, porte e atividades-fim. Várias ameaças podem afetar a segurança das informações, tais como falhas em equipamentos, catástrofes em geral, programas de controle de sistemas e utilitários, erros humanos e ações desonestas. Os atos de desordem civil ou de vandalismo são um grande problema, pois as instalações responsáveis por processar as informações contam com grande volume de dados estratégicos para as organizações.

Assim, é importante controlar e gerir os elementos mencionados anteriormente com o objetivo de impedir que terceiros possam usufruir de informações relevantes. Além disso, deve-se desenvolver estratégias para gerenciar os acessos, as informações compartilhadas, entre outros fatores, a fim de detectar ataques maliciosos, vírus e outros elementos que coloquem a segurança de uma organização em risco.

3.2 Controles em segurança*

Os controles de segurança são indispensáveis para evitar que ocorram problemas com as informações. Por isso, busca-se implementar uma série de atividades voltadas a esse fim. A seguir apresentamos os controles preventivos, detectivos e corretivos.

3.2.1 Controles preventivos

Os controles preventivos consistem em atividades que evitam a ocorrência de eventos indesejados. Para isso, diversas ações são desenvolvidas, entre as quais se destacam:
- » distinção de funções;
- » definição de cargos;
- » seleção de profissionais capacitados;
- » limpeza e manutenção da área de operação;
- » manutenção dos equipamentos;
- » instalação de ar-condicionado;
- » planejamento das tarefas operacionais;
- » controle de acesso ao espaço físico do CPD;
- » restrição na divulgação de dados;
- » armazenamento de arquivos;
- » *label* interno e externo;
- » conteinerização do CPD;
- » treinamentos;
- » autorização para a entrada;
- » adequação da localização física;
- » atenção às particularidades dos programas e dos equipamentos essenciais.

---

* Seção elaborada com base em Riccio (1981).

A **distinção das funções** é um trabalho muito comum nas empresas, e ainda mais frequente no setor de processamento de informações, que, por sua vez, é separado em outras áreas devidamente apropriadas dotadas de atribuições que, se colocadas em um setor único, permitiriam o acesso não autorizado à instalação. Posto isso, as principais particularidades dessa atividade são as indicadas na Figura 3.2.

Figura 3.2 – Processo de distinção e atribuições no setor de processamento

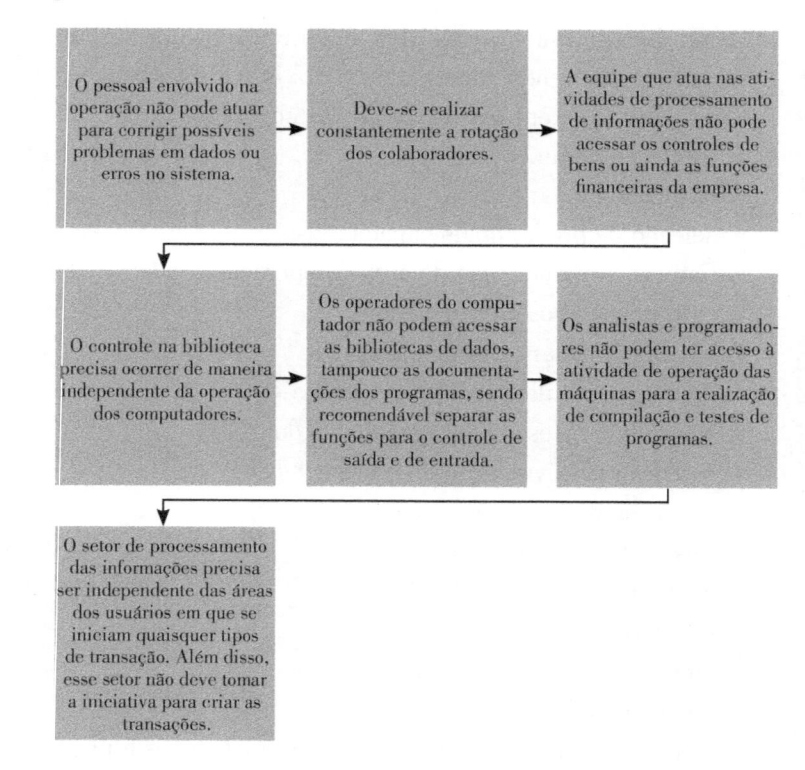

```
┌─────────────────────┐    ┌─────────────────────┐    ┌─────────────────────┐
│ O pessoal envolvido │    │                     │    │ A equipe que atua   │
│ na operação não     │    │ Deve-se realizar    │    │ nas atividades de   │
│ pode atuar para     │ →  │ constantemente a    │ →  │ processamento de    │
│ corrigir possíveis  │    │ rotação dos         │    │ informações não     │
│ problemas em dados  │    │ colaboradores.      │    │ pode acessar os     │
│ ou erros no sistema.│    │                     │    │ controles de bens   │
│                     │    │                     │    │ ou ainda as funções │
│                     │    │                     │    │ financeiras da      │
│                     │    │                     │    │ empresa.            │
└─────────────────────┘    └─────────────────────┘    └─────────────────────┘
                                                                │
        ┌───────────────────────────────────────────────────────┘
        ▼
┌─────────────────────┐    ┌─────────────────────┐    ┌─────────────────────┐
│                     │    │ Os operadores do    │    │ Os analistas e      │
│ O controle na       │    │ computador não      │    │ programadores não   │
│ biblioteca precisa  │    │ podem acessar as    │    │ podem ter acesso    │
│ ocorrer de maneira  │    │ bibliotecas de      │    │ à atividade de      │
│ independente da     │ ←  │ dados, tampouco as  │ ←  │ operação das        │
│ operação dos        │    │ documentações dos   │    │ máquinas para a     │
│ computadores.       │    │ programas, sendo    │    │ realização de       │
│                     │    │ recomendável sepa-  │    │ compilação e testes │
│                     │    │ rar as funções para │    │ de programas.       │
│                     │    │ o controle de saída │    │                     │
│                     │    │ e de entrada.       │    │                     │
└─────────────────────┘    └─────────────────────┘    └─────────────────────┘
        │
        ▼
┌─────────────────────┐
│ O setor de proces-  │
│ samento das infor-  │
│ mações precisa ser  │
│ independente das    │
│ áreas dos usuários  │
│ em que se iniciam   │
│ quaisquer tipos de  │
│ transação. Além     │
│ disso, esse setor   │
│ não deve tomar a    │
│ iniciativa para     │
│ criar as transações.│
└─────────────────────┘
```

As **definições de cargos** precisam ser determinadas e divulgadas de forma clara para todos os colaboradores do setor, para que cada um compreenda seu papel no processo. A **seleção de profissionais capacitados** tem influência direta no nível de qualidade das tarefas executadas na área, desde que, obviamente, seja conduzida por especialistas, de modo a otimizar os processos desenvolvidos.

Alem disso, **a limpeza e a manutenção** dos locais de operação dos computadores são indispensáveis, uma vez que é preciso evitar a presença de alimentos, materiais inutilizados, lixo, entre outros elementos. A higienização do ambiente deve ser realizada periodicamente, pois a poeira e os resíduos podem causar danos graves aos equipamentos. A **manutenção dos equipamentos**, por sua vez, deve ser empreendida periodicamente por responsáveis técnicos da empresa ou do fabricante, sendo essencial para assegurar a confiabilidade e a operacionalidade dos dispositivos.

Usualmente, grande parte dos dispositivos de dados precisa estar em **ambientes climatizados com ar-condicionado**, sendo esse um requisito de grande parte dos fabricantes de equipamentos. Manter as salas na temperatura adequada (com os limites estipulados), por exemplo, contribui para evitar possíveis danos e interrupções no processo, além de postergar a vida útil dos componentes.

O **planejamento das tarefas operacionais** é uma operação indispensável para qualquer atividade:

> *As organizações precisam fazer planejamento, para poderem se antecipar ao futuro e alinharem suas ações e práticas, de forma que seja possível criarem uma visão do caminho que deva ser seguido, para alcançarem seus objetivos. Também devem planejar para comunicarem ações e metas para toda a organização, permitindo uma*

> *adequada previsão de investimento e garantindo a competitividade da empresa. Contudo, para que a organização seja competitiva, não só basta um bom planejamento estratégico, é preciso que o plano traçado seja cumprido. Portanto, é de vital importância a medição dos processos e dos resultados, e sua comparação com os objetivos predeterminados.* (Augustin, 2008, p. 18)

Portanto, o planejamento na segurança de dados é uma atividade que contribui para o melhor tratamento das demandas levantadas para as tarefas correlatas. Ela possibilita não apenas a realização das demais atividades como também a proposição de uma estimativa, com elevado grau de exatidão, do tempo de processamento dos sistemas de produção, de modo que se possa apontar a quantidade de horas a serem gastas com determinada tarefa.

Portanto, essa atividade viabiliza um atendimento eficiente aos usuários e, além disso, a administração inteligente do tempo de trabalho, que permite a realização de tarefas extras, tais como o reprocessamento, os testes de desenvolvimento e as solicitações adicionais dos usuários. Nesse sentido, por meio do controle preventivo, é possível otimizar o *timing* e a qualidade das tarefas a serem desempenhadas.

O **controle de acesso à área física do CPD** contribui para a redução de possíveis tentativas de sabotagem ou de utilização indevida. Para garantir essa medida, podem ser adotadas práticas como:

» instalar vigias;
» usar sistemas eletrônicos de identificação;
» impor acesso por meio de cartões magnéticos;
» utilizar fechaduras especiais.

Além desses recursos, a **restrição das informações divulgadas** é uma medida que garante que o pessoal responsável pela operação conheça apenas o básico do sistema, assim como as atividades de documentação e programação que vãos lhes permitir a execução adequada de suas atribuições. Vale mencionar que o **armazenamento de arquivos em locais apropriados** é igualmente essencial para o controle preventivo. Nesse contexto, quaisquer movimentações de arquivos devem ser feitas com um rígido controle, considerando-se o que foi planejado. O retorno dos arquivos é uma tarefa que também precisa ser controlada, seja por meio de fichas de controle (conteúdo do arquivo), seja pelo registro dos dados coletados. É fundamental adotar um sistema informatizado para esse controle, pois isso assegura maior precisão nessa tarefa.

O *label* **interno** contribui para identificar os sistemas de dados dos arquivos no que tange à utilização, ao vencimento do conteúdo e à validade do processo. O *label* **externo** é indispensável para apontar o uso do arquivo, assim como o emprego incorreto desse dispositivo. A **conteinerização** é uma medida de controle preventiva responsável por eliminar possíveis acessos irrestritos a determinados locais, além de melhorar a aplicação de medidas voltadas à segurança dos dados. Assim, ao se projetar um local para a instalação do CPD, deve-se definir um leiaute voltado à proteção, com paredes seguras e uma quantidade mínima de entradas.

Os **treinamentos** são meios voltados à reciclagem dos colaboradores. Para isso, ofertam-se cursos para atualização das funções a fim de minimizar possíveis erros decorrentes da incompetência ou da falha humana. As **autorizações de entrada** são empregadas para apontar quem pode ou não acessar o espaço físico. Com isso, é importante ter uma lista – atualizada constantemente – com os nomes dos colaboradores que podem acessar um dado setor. Adotar esse método é oportuno e agrega inúmeros benefícios para as empresas, pois dessa forma se consegue monitorar quem entrou ou saiu de um espaço, coibindo possíveis más intenções.

Observar a **localização física** é uma medida de controle implementada paralelamente com o planejamento completo da instalação. Diante disso, devem-se observar alguns princípios básicos, como:

» evitar ambientes sujeitos a poeira e vibração em excesso;
» identificar o espaço com anúncios e letreiros com pouco destaque;
» utilizar ambientes que não estejam próximos de locais de armazenamento de combustíveis;
» escolher espaços que não sejam inundáveis e que não se situem no subsolo;
» instalar o ambiente longe de tubulações de vapor ou de água;
» evitar o uso de paredes dotadas de vidros;
» evitar locais próximos de janelas ou que apresentam visibilidade fácil.

Cabe notar, por fim, que as **características dos programas e dos equipamentos básicos** são determinadas quando a organização escolhe o tipo de equipamento a ser empregado. Entretanto, percebe-se que, a cada dia que passa, as empresas incorporam mais tecnologias voltadas ao controle e à segurança de seus produtos. Desse modo, diagnósticos mais precisos e completos são realizados no caso de problemas, facilitando, assim, normalizações e análises.

3.2.2 Controles detectivos

Os controles são aqueles instrumentos empregados quando se deseja fazer a detecção, o monitoramento e a auditabilidade em tempo real. Esses controles englobam as tarefas indicadas na Figura 3.3.

Figura 3.3 – Tarefas referentes aos controles detectivos

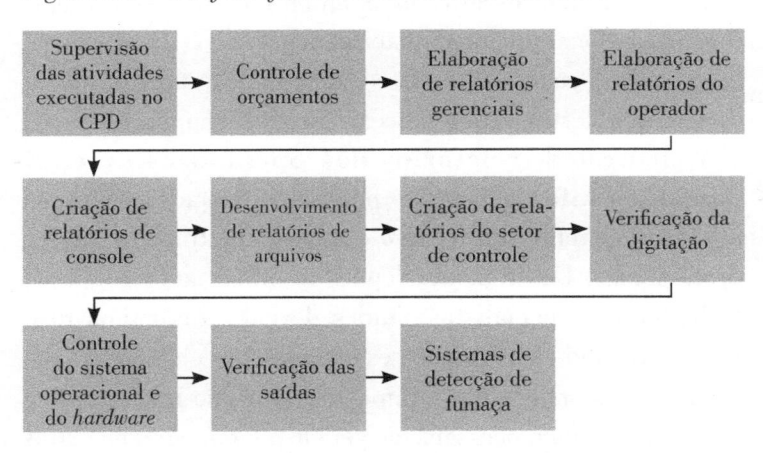

```
┌──────────────┐   ┌──────────────┐   ┌──────────────┐   ┌──────────────┐
│ Supervisão   │   │              │   │ Elaboração   │   │ Elaboração de│
│ das atividades├──▶│ Controle de  ├──▶│ de relatórios├──▶│ relatórios do│
│ executadas no│   │ orçamentos   │   │ gerenciais   │   │ operador     │
│ CPD          │   │              │   │              │   │              │
└──────────────┘   └──────────────┘   └──────────────┘   └──────┬───────┘
                                                                │
┌──────────────┐   ┌──────────────┐   ┌──────────────┐   ┌──────▼───────┐
│ Criação de   │   │Desenvolvimento│  │ Criação de   │   │              │
│ relatórios de├──▶│ de relatórios├──▶│ relatórios do├──▶│ Verificação  │
│ console      │   │ de arquivos  │   │ setor de     │   │ da digitação │
│              │   │              │   │ controle     │   │              │
└──────┬───────┘   └──────────────┘   └──────────────┘   └──────────────┘
       │
┌──────▼───────┐   ┌──────────────┐   ┌──────────────┐
│ Controle     │   │              │   │ Sistemas de  │
│ do sistema   ├──▶│ Verificação  ├──▶│ detecção de  │
│ operacional e│   │ das saídas   │   │ fumaça       │
│ do hardware  │   │              │   │              │
└──────────────┘   └──────────────┘   └──────────────┘
```

A **supervisão nas atividades desempenhadas pelo CPD** é uma tarefa realizada pelo chefe do setor. Entre suas atribuições, destacam-se:

» estudo dos resultados operacionais em cada um dos turnos, comparando-os com o planejamento criado a fim de levantar possíveis desvios e oportunidades de melhoria;
» verificação e controle de acessos;
» compreensão das tarefas realizadas ao longo das interrupções e das pausas;
» fiscalização do andamento das atividades;
» aprovação dos planos de uso no começo dos turnos de trabalho.

O **controle orçamentário** requer a análise de possíveis divergências entre o que foi projetado e o que está ocorrendo na prática, associando-se tais diferenças a possíveis problemas operacionais do fluxo produtivo. Os **relatórios gerenciais** são os componentes que devem ser criados considerando-se, no mínimo, um mês de antecedência, devendo englobar fatores como:

» os dados ligados ao *job accounting* proveniente do sistema operacional (maior confiabilidade);

» o tempo gasto em tarefas como produção normal, manutenção, testes para reprocessamento e compilações.

A produção de **relatórios dos operadores de equipamentos informatizados** precisa ser tratada como uma atividade inerente ao processo e à rotina de trabalho desses profissionais. Desse modo, depois de findar sua jornada de trabalho, os especialistas citados devem redigir uma resenha apontando as atividades executadas por eles, indicando problemas ocorridos nos equipamentos (como interrupções), interferências no processamento gerado por *softwares* ou outros eventos.

Os **relatórios de console** gerados pelos sistemas operacionais devem ser analisados diariamente pelos gestores da operação, que devem compará-los com os relatórios citados no parágrafo anterior para avaliar possíveis inconsistências. Posto isso, os relatórios de console consideram as tarefas executadas pelo sistema informacional em um período predeterminado, ressaltando parâmetros importantes como:

» mensagens processadas pelo sistema;

» apontamento de possíveis anormalidades;

» arquivos que foram processados;

» mensagens fornecidas pelo sistema operacional;

» instruções dadas pelos operadores;

» trabalhos executados.

Os **relatórios de arquivos** precisam estar estruturados de acordo com uma sequência, que é:
- » geração de um relatório apontando os arquivos conforme a identificação ou o conteúdo para garantir que o *backup* se encontre acessível quando necessário;
- » relatório que aponta os conteúdos para cada arquivo ou conjunto de arquivos;
- » localização atual;
- » nome do arquivo considerando-se a requisição do sistema;
- » identificação do número do volume;
- » datas para a liberação e para a criação;
- » caminho no qual é possível localizar o *backup*.

Os **relatórios provenientes do setor de controle** apresentam dados relevantes acerca dos arquivos de entrada e saída do CPD, destacando precisamente os parâmetros dos lotes recebidos e processados, assim como seus volumes de controle totais. A **verificação da digitação** visa encontrar possíveis erros relacionados à conversão que possam ter ocorrido nas fases iniciais de operação. É importante que essa tarefa assegure os dados estatísticos de controle do fluxo produtivo, indicando, de acordo com o profissional responsável pela atividade, os códigos da transação em função do tempo.

Os **controles de sistema operacional e de *hardware*** são parâmetros importantes, uma vez que o desenvolvimento tecnológico desses componentes tende a contribuir para maximizar a confiabilidade em operações relacionadas ao processamento. Nesse sentido, os equipamentos são dotados de vários controles que apresentam a capacidade de evitar que dados incorretos alimentem os processos. Tal capacidade também é inata aos sistemas operacionais e, por isso, os profissionais responsáveis e que atuam com esses elementos precisam compreender as funcionalidades dos recursos para utilizá-los corretamente.

A **verificação das saídas** é uma atribuição do setor de controle, que precisa analisar de forma visual os relatórios de saída antes de enviá-los para os *stakeholders*. Portanto, é necessário conferir minuciosamente a lista de distribuição dos relatórios para avaliar se os dados foram mandados de forma equivocada para alguém ou se alguém não os recebeu. Os **sistemas de detecção de fumaça**, por sua vez, são empregados em organizações para sinalizar possíveis ameaças de incêndio, que pode causar danos irreversíveis para os dados, os sistemas e os equipamentos.

3.2.3 Controles corretivos

Os controles corretivos são aqueles realizados após a ocorrência do evento; em muitos casos, as medidas acabam por culminar na perda dos dados, problema que deve ser evitado a todo custo, pois tende a custar mais do que os controles mencionados nas seções anteriores. Os principais controles corretivos estão indicados na Figura 3.4.

Figura 3.4 – Elementos dos controles corretivos

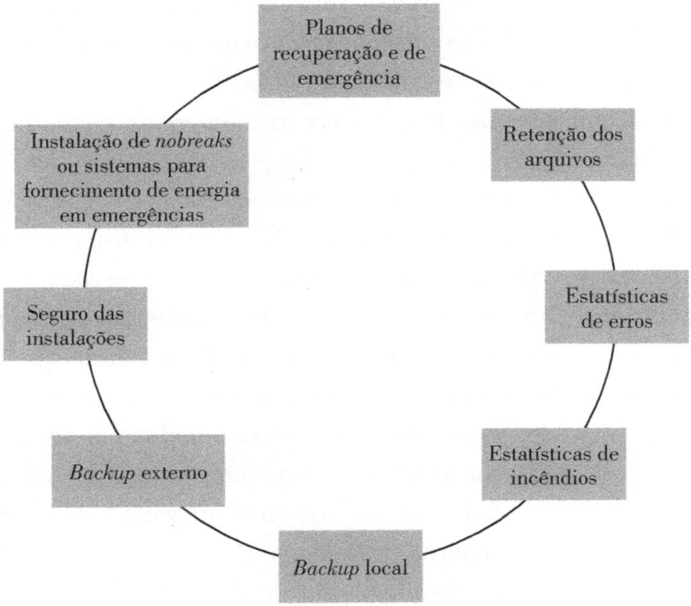

- Planos de recuperação e de emergência
- Retenção dos arquivos
- Estatísticas de erros
- Estatísticas de incêndios
- *Backup* local
- *Backup* externo
- Seguro das instalações
- Instalação de *nobreaks* ou sistemas para fornecimento de energia em emergências

Os **planos de recuperação e de emergência** têm grande relevância, uma vez que são concebidos para que desastres que podem acometer as instalações sejam corrigidos. A **retenção dos arquivos**, por sua vez, evita possíveis erros na instalação e permite a correção de situações que resultam em perda de arquivos. Desse modo, a instalação de sistemas de retenção contribui para evitar o problema descrito; nesse contexto, é essencial apontar as transações que devem ser retidas, assim como os intervalos de tal atividade.

As **estatísticas de erros** precisam ser desenvolvidas considerando-se erros no sistema, em programas, na operação e na digitação. Somente após esse procedimento é que se torna possível identificar de forma contínua a causa de erros. As **estatísticas de incêndio** se associam aos sistemas para combater essa ameaça, sendo importante contemplar não apenas a sala do servidor, mas todos os locais da instalação. Existem inúmeros sistemas para evitar incêndios, entre os quais vale destacar:

» sistema de uso de dióxido de carbono;
» sistemas de uso de *sprinklers* para dispersar a água pelo ambiente;
» combinação de ambos os sistemas.

O **backup local** refere-se à escolha de um espaço para armazenar o *backup* geral. É importante que esse local seja protegido contra o fogo e de fácil acesso aos usuários, para que seja utilizado de imediato em caso de perda de informações.

O **backup externo** é semelhante ao *backup* local, com a diferença de que os dados são armazenados em ambientes fora da empresa. Atualmente, um número considerável de empresas tem optado por guardar suas informações na chamada *nuvem*, o que torna o sistema ainda mais eficiente, pois é possível acessá-lo de qualquer lugar, desde que se disponha de um dispositivo autorizado para tal.

O **seguro das instalações** é um componente que não se limita à recuperação de dados – essa ferramenta também permite a troca de equipamentos e demais recursos danificados em caso de eventos indesejáveis. A **instalação de *nobreaks* ou sistemas para fornecimento de energia em casos de emergência** tem grande relevância, especialmente no caso de organizações altamente dependentes dos serviços de processamento das informações (vale ressaltar que esses equipamentos apresentam custo elevado). Por isso, a aquisição desses recursos requer estudos de viabilidade econômica. Contudo, convém frisar que a ação desse equipamento contribui para minimizar danos gerados pela interrupção do processamento caso falte energia na empresa.

Exercício resolvido

Existem certos tipos de controle destinados à garantia da segurança física dos sistemas de controle e processamento dos dados. Nesse caso, desenvolvem-se medidas corretivas, preventivas e detectivas a fim de assegurar que os processos ligados à informação ocorram adequadamente, evitando-se problemas como a perda de dados causada por intempéries, invasões, entre outros fatores. Sobre esses sistemas, assinale a alternativa **incorreta**:

a. O planejamento de relatórios na segurança de dados melhora o tratamento das demandas levantadas. Executar essa tarefa permite prever os tempos de processamento com certa precisão.

b. Os relatórios de operação precisam ser analisados diariamente pelos gestores da operação. É importante compará-los com os demais relatórios para compreender o fluxo produtivo.

c. A verificação das saídas é responsabilidade do setor de controle; diante disso, esse setor tem como atribuição analisar os relatórios de saída antes de enviá-los para os *stakeholders*.

d. O seguro das instalações permite a substituição de equipamentos e demais recursos danificados caso eventos indesejáveis como incêndios e tempestades danifiquem os dispositivos.

Gabarito: b

> ***Feedback* do exercício em geral**: O planejamento na segurança de dados melhora o tratamento das demandas levantadas. Executar essa tarefa permite prever os tempos de processamento com certa precisão. Os relatórios de console precisam ser analisados diariamente pelos gestores da operação e é importante compará-los com os demais relatórios para compreender o fluxo produtivo. A verificação das saídas é responsabilidade do setor de controle, sendo sua atribuição analisar os relatórios de saída antes de enviá-los para os *stakeholders*. O seguro das instalações permite a substituição de equipamentos e demais recursos danificados caso eventos indesejáveis como incêndios e tempestades danifiquem os dispositivos.

3.3 Relação entre segurança física, lógica e ambiental

A segura5ça lógica equivale à proteção e ao controle dos dados em meio eletrônico/digital, englobando atividades como as apontadas na Figura 3.5.

Figura 3.5 – Atividades da segurança lógica

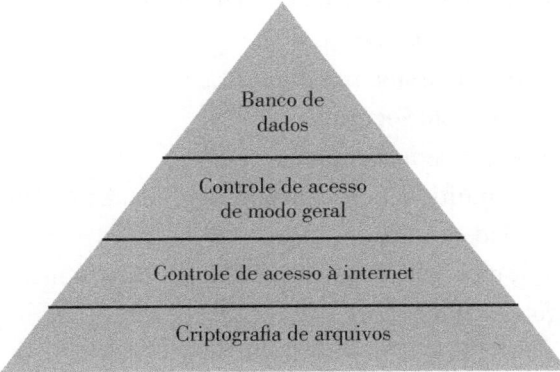

```
              Banco de
               dados
         ─────────────────
        Controle de acesso
          de modo geral
      ─────────────────────
     Controle de acesso à internet
   ─────────────────────────────
      Criptografia de arquivos
```

Por meio desse instrumento, asseguram-se a disponibilidade e a confiabilidade dos dados. Na rede interna de uma empresa, por exemplo, a utilização de *login* e senha é essencial para os colaboradores. A razão dessas proteções é que se deve ter certo controle e restrição quanto à utilização do banco de dados na unidade de informação, a fim de evitar que pessoas não autorizadas ou intrusas acessem os conteúdos disponíveis na rede.

Diante disso, a empresa que deseja adotar métodos de proteção de dados eficientes precisa convergir para ter segurança física, lógica e ambiental em seus sistemas. Não convém instalar câmeras para a realização de monitoramento se os dados correlatos não puderem ser acessados no futuro e se a empresa não investir em um rígido controle acerca do acesso externo de terceiros às suas instalações. De fato, se é comum os colaboradores gerarem incidentes ligados à segurança, a presença de pessoas não autorizadas em uma organização pode resultar em problemas muito mais graves.

A convergência desses elementos possibilita a melhoria da eficiência da empresa, assim como dificulta os ataques organizacionais mais incisivos e atua com uma potente ferramenta de auditoria caso haja a ocorrência de algum incidente. Entre os instrumentos que contribuem para o alcance desses objetivos, os mais comuns são:

» *e-mail* com assinatura digital;
» acesso remoto seguro;
» acesso à rede interna;
» uso de múltiplas credenciais para usuários dotados de identidade unificada.

A seguir, na Figura 3.6, estão indicados outros mecanismos de controle.

Figura 3.6 – Mecanismos de controle de sistemas de segurança física, lógica e ambiental

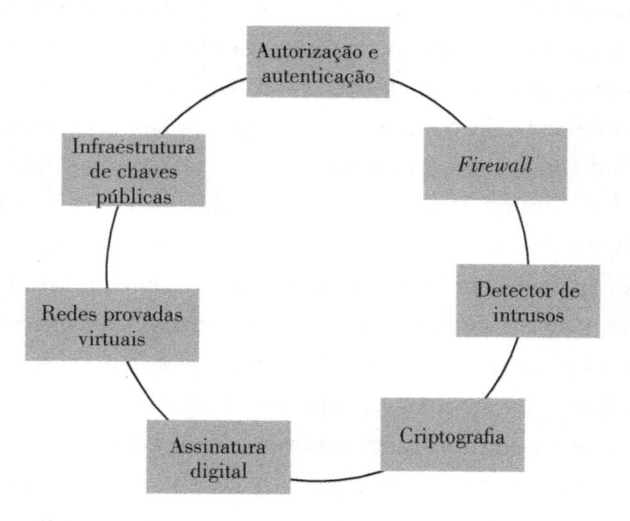

A **autorização** e a **autenticação** consistem em mecanismos de controle de permissão para os indivíduos autorizados a acessar o sistema de dados. Por meio desse recurso, é possível definir os níveis e os perfis de acesso em função de três dispositivos de autenticação:

1. **Identificação biométrica**: identificação do sujeito por meio de uma característica intrínseca que o diferencia dos demais, como a impressão digital.
2. **Identificação proprietária**: identificação física na qual o sujeito apresenta dado elemento para executar o processo de autenticação.
3. **Identificação positiva**: processo em que se consideram alguns dados necessários para usar e conectar os sistemas.

O *firewall* é um mecanismo de controle devidamente projetado para assegurar a proteção da fonte de dados em dada empresa. Esse recurso permite o controle de vários parâmetros, como o acesso seguro da rede interna e das redes externas (normalmente não confiáveis). A ferramenta tem a finalidade de evitar e relatar qualquer ameaça, evento indesejável ou incidente que possa comprometer o sistema de dados da organização (O que é..., 2022). Há dois tipos de *firewalls*, descritos no Quadro 3.4.

Quadro 3.4 – Tipos de firewalls

Servidores *proxy*	Têm a capacidade de permitir que haja a conexão ou não com serviços de uma rede de forma indireta. Sua utilização comum é em memória ou caches para a conexão com serviços na internet, podendo ser empregados para acelerar a conexão quando há *links* lentos.
Filtros de pacotes	Mecanismos desenvolvidos em função das regras previamente estabelecidas pelo gestor do sistema a fim de filtrar os dados em rede. Isso permite apontar quais são as informações que podem ser acessadas, bem como seu público. Com esse *firewall*, consegue-se ou não passar pacotes ou datagramas IP2 em uma dada rede, ou seja, apontar quais dados são autorizados e podem se comunicar na rede interna e externa.

Fonte: Elaborado com base em Tipos..., 2022.

O Intrusion Detection System (IDS), ou "**detector de intrusos**", procura por intrusões à rede a partir de análises periódicas de dados que foram previamente coletados e disponibilizados pelo sistema por meio de auditorias – principal elemento responsável por realizar a pesquisa no IDS (Cardoso, 2013). Caso algum problema seja identificado, um alerta é emitido ao gestor e, quando necessário, contramedidas são automaticamente disparadas, empregando-se elementos como:

» redes neurais;
» *data mining*;
» inteligência artificial;
» inferências;
» análises estatísticas.

A **criptografia** traduz mensagens cifradas e codificadas. Seu emprego é indispensável para a garantia da integridade no processo de troca e transferência de dados, a proteção das comunicações realizadas na rede e a autenticação da identidade de quem acessa. Esse elemento permite a troca de informações privadas; com isso, apenas o receptor e o emissor da mensagem podem acessar seu conteúdo (Trinta; Macêdo, 1998).

A **assinatura digital** valida mensagens, identificando se foram modificadas e se seu remetente é de fato quem diz ser. Há dois mecanismos responsáveis pela criptografia: os de chave pública, ou assimétrica, e os de chave privada, ou simétrica (Quadro 3.5).

Quadro 3.5 – Tipos de chave de assinatura digital

Chave pública, ou assimétrica	Técnica na qual os dados são criptografados com uma chave que é devidamente decodificada com uma segunda chave que não apresenta semelhança com a primeira. Para tal, empregam-se algoritmos assimétricos que contam com chaves distintas em cada uma das extremidades do processo. As duas chaves são criadas de modo que não exista o cálculo de uma pela outra, o que permite que sua divulgação a torne pública, evitando que a chave provada ou secreta seja posta em risco.
Chave privada, ou simétrica	Mecanismos desenvolvidos com o auxílio de algoritmos convencionais. Emite-se uma chave privada ou secreta, devidamente empregada para codificar e decodificar a mensagem transmitida. É indispensável que ambas as partes integrantes armazenem de modo seguro as chaves a fim de executar as transações e as trocas de informações de modo seguro entre elas.

Fonte: Elaborado com base em Trinta; Macêdo, 1998.

A assinatura digital é responsável pela criação do código por parte do emissor da mensagem por meio de uma chave privada. Permite ao remetente apontar, com o auxílio de uma chave do emissor/chave pública, se este é realmente quem afirma ser. Dessa maneira, um emissor pode enviar uma informação codificada por meio de sua chave para um receptor. Nessa atividade, é gerada uma assinatura ligada ao emissor que é devidamente atribuída à informação, ao passo que o receptor precisa decodificá-la com o emprego de uma chave pública emitida previamente pelo emissor. Esse processo culmina na emissão de uma segunda assinatura com a atribuição de verificar a primeira e, caso haja a comprovação de que ambas são iguais, o receptor tem a convicção de que a informação foi gerada e enviada pelo emissor (Trinta; Macêdo, 1998).

A *Virtual Private Networking* (VPN), ou "**rede privada virtual**", dispõe dos chamados "túneis" criptografados em determinados pontos permitidos. A criação desses túneis se dá com o auxílio de redes privadas ou públicas e da internet, o que possibilita transferir dados de maneira segura entre os usuários remotos e as redes internas corporativas. Em uma rede corporativa, pode-se afirmar que a VPN é o meio mais seguro de se trocar informações, uma vez que essa ferramenta não permite que ocorra sua interceptação ou modificação (Cardoso, 2013).

A **infraestrutura de chaves públicas (ICP)** tem grande relevância nas empresas e no comércio, pois ela realiza o atrelamento de chaves públicas, culminando em um sistema distribuído. Desse modo, o ICP tem como principal atribuição garantir a distribuição dos dados em sistemas com elevada ramificação, em que as organizações, seus colaboradores e suas unidades podem estar situados em diversos locais (O que é..., 2020).

Perguntas & respostas

Como operam os elementos da segurança física, lógica e ambiental?

Os elementos da segurança física, lógica e ambiental se relacionam diretamente. Para assegurar que esses fatores convirjam em prol da segurança, alguns mecanismos de controle devem ser considerados. Diante disso, é preciso conceituar as redes privadas virtuais, a infraestrutura de chaves públicas, as redes privadas virtuais e os detectores de intrusos.

As redes privadas virtuais consistem em elementos dotados dos chamados túneis criptografados em determinados pontos permitidos. A criptografia é o elemento responsável por traduzir as mensagens cifradas e codificadas, sendo essencial para assegurar a integridade no processo de troca e transferência de dados, proteger as comunicações realizadas na rede e autenticar a identidade de quem acessa. A assinatura digital é o elemento no qual há a criação do código pelo emissor da mensagem por meio de uma chave privada, permitindo que o remetente aponte, com o auxílio de uma chave do emissor/chave pública, se este é realmente quem afirma ser. O detector de intrusos consiste em um mecanismo responsável por procurar e buscar intrusões não requeridas à rede por meio de auditorias.

3.4 Considerações acerca da segurança física, lógica e ambiental

Levando em consideração as políticas de segurança determinadas pela organização, destacamos que a única pessoa a ter acesso completo a todos os dados e recursos da rede é o gestor, salvo quando algum proprietário ou diretor solicitar acesso completo a esses recursos. Assim, os acessos aos dispositivos e às redes de TI devem ser feitos por meio da autenticação para navegar nos diretórios desejados. Com isso, a segurança da rede visa proteger os seguintes elementos contra acessos não autorizados e indevidos:

» aplicativos;
» programas;
» sistemas;
» informações.

Desse modo, é indispensável atuar (rever, implementar e reforçar medidas), relatar (situações, ocorrências e eventos) e avaliar (como, quem e quando) os componentes a fim de garantir a segurança em informática lógica, sistemática, ambiental e física nas empresas, de forma a impedir que pessoas não autorizadas tenham acesso aos dados; porém, quando isso não puder ser evitado, deve-se auxiliar as organizações nesse evento, bem como monitorar a possibilidade de novas ocorrências.

Compete ao gestor das informações ter uma rotina clara e definida para modificar as senhas das máquinas e equipamentos empregados e conectados à rede. A justificativa para isso é a grande variedade de aplicativos e programas de intrusão e identificação das redes comunicacionais, demandando a alteração e a prevenção contínua dos principais elementos que integram as redes, como:

» *access point;*
» *router;*
» *switches;*
» *hub;*
» servidores.

> **Importante!**
>
> Recomenda-se modificar a senha a cada 15 dias e compete ao administrador implementar um procedimento para registrar as alterações conforme seu conteúdo. A alteração e o cadastro correto da senha de acesso precisam ser determinados em função do sistema que o fabricante do dispositivo adota.

É necessário destacar que as senhas não podem apresentar vínculos de descoberta fácil, como:
» ser idêntica ao inverso do usuário de *login*;
» ser igual ao usuário de *login*;
» repetir um mesmo número diversas vezes;
» utilizar a data de casamento;
» empregar a data de aniversário;
» adotar o número do Cadastro de Pessoa Física (CPF);
» utilizar o número do Registro Geral (RG).

Com o intuito de impedir a descoberta e dificultar a quebra do código, recomenda-se cadastrar mais de seis caracteres empregando expressões alfanuméricas, letras minúsculas e maiúsculas e números. O acesso e o compartilhamento do servidor dos arquivos, caso contemplados, precisam ser realizados por meio da autenticação dos equipamentos e dos usuários da atividade.

As redes que apresentam usuários dotados de autenticação devem ainda demandar a alteração das senhas ao menos uma vez ao ano, de modo a dificultar o acesso aos dados e à rede da organização. Para controlar o acesso físico, é necessário um recurso que diferencie os usuários não autorizados dos autorizados com base em um protocolo de identificação. Além disso, devem ser observadas as questões indicadas na Figura 3.7.

Figura 3.7 – Quesitos de acesso físico a dados e redes

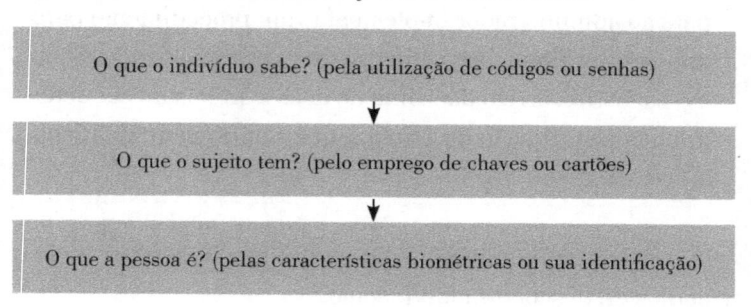

> O que o indivíduo sabe? (pela utilização de códigos ou senhas)
>
> ↓
>
> O que o sujeito tem? (pelo emprego de chaves ou cartões)
>
> ↓
>
> O que a pessoa é? (pelas características biométricas ou sua identificação)

Como apontamos anteriormente, realizar um *backup* ou cópia de segurança dos dados é um procedimento de grande importância para a preservação das informações organizacionais. Esse trabalho se torna ainda mais necessário com o uso de computadores e o desuso de livros e arquivos de papéis, uma vez que a quantidade de informações armazenadas tende a ser cada dia maior, o que faz com que a questão da segurança de armazenamento de dados seja algo extremamente importante.

Eventos catastróficos como alagamentos e incêndios tendem a culminar na falência da instituição caso não seja possível recuperar suas informações. É comum que o valor dos dados seja superior ao do espaço físico e de sua localização. Há inúmeras empresas que têm como principal fonte de existência o desenvolvimento de novos produtos e a pesquisa, sendo fundamental que fiquem atentas a essas questões.

> **Importante!**
>
> Cabe salientar que os dispositivos de segurança da informação apresentam, de acordo com seus produtores, um desgaste lógico e físico, além de uma durabilidade média que varia conforme o tempo de vida e os parâmetros de armazenamento. Com isso, as cópias realizadas precisam ser testadas periodicamente, considerando-se o tempo máximo para as regravações e a vida útil das mídias previamente estipulados pelos fabricantes. Há diversos registros de perda de informações em virtude da negligência a essas questões.

Assim, os dispositivos têm uma vida útil bem definida, com início, meio e fim, competindo ao gestor da rede e a outros responsáveis efetuar manutenções corretivas e preventivas quando necessárias, por meio de um planejamento que aponte claramente pontos como compra, troca ou manutenção de dispositivos e equipamentos empregados.

Ao se considerar o planejamento do corpo técnico da organização, recomenda-se avaliar e dimensionar o programa empregado para gerenciar e restaurar as informações. Outro ponto que merece atenção é a realização de um *backup* centralizado, executado em locais específicos, levando-se em conta o aumento do espaço empregado, a qualidade, a velocidade e a criticidade.

3.5 Políticas de segurança da informação

As políticas de segurança da informação permitem a aplicação de inúmeras regras organizacionais ligadas à TI, especialmente em razão da redução dos riscos de acessos indevidos a informações. Nesse sentido, uma política eficiente precisa contemplar de modo claro e detalhado as decisões relacionadas com o bloqueio, a liberação e o inventário de equipamentos e sistemas de dados organizacionais.

> ### Importante!
>
> Cabe mencionar que as políticas de segurança da informação são um elemento de grande relevância na segurança privada, constituindo um elemento de gestão estratégica. A gestão estratégica consiste em um procedimento acompanhado, executado, gerenciado e planejado pela alta direção da empresa a fim de assegurar o crescimento organizacional. Por isso, é indispensável criar um grupo de gerenciamento de segurança que vai determinar com precisão os objetivos principais de uma política, considerando fatores como disponibilidade, integridade e confidencialidade. Tal medida precisa ser claramente definida e apontada ao conselho diretor da empresa de modo que as políticas sejam valorizadas, disseminadas e aprovadas em virtude de seu papel de destaque. Assim, profissionais de TI, gestores e executivos devem ter a capacidade de manter e cumprir as políticas, bem como atualizá-las quando for preciso.

Observa-se que a preocupação com o gerenciamento e a implantação de uma tarefa ligada à segurança em TI têm se elevado, visto que as organizações passaram a perceber a grande relevância da cautela, do sigilo, do controle e da estabilidade de seus dados. Entre os principais elementos responsáveis por estimular essas ações, destacam-se os indicados na Figura 3.8.

Figura 3.8 – Elementos da segurança em TI

- Desenvolvimento de produtos novos
- Paralisação de sistemas
- Dados acerca de clientes
- Acesso à internet
- Fornecedores
- Informações pessoais
- Projetos
- Dados financeiros
- Entrada e saída de colaboradores
- Quadro de colaboradores
- Folhas de pagamento

Caso esses dados cheguem a um concorrente, por exemplo, ele pode ter um grande elemento estratégico em mãos, capaz de auxiliá-lo nos processos de tomada de decisão, pois pode antecipar a criação de novos projetos ou ainda prejudicar a reputação e a imagem de uma empresa concorrente.

Desse modo, considerando-se a necessidade de assegurar a integridade, a confiabilidade e a disponibilidade dos dados institucionais no que diz respeito ao emprego de normas, deve-se desenvolver uma política de segurança devidamente fundamentada. Tal política de dados precisa contemplar elementos como os indicados na Figura 3.9.

Figura 3.9 – Elementos da política de dados

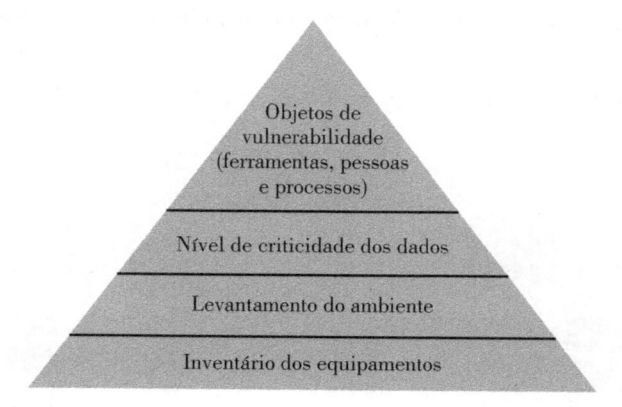

- Objetos de vulnerabilidade (ferramentas, pessoas e processos)
- Nível de criticidade dos dados
- Levantamento do ambiente
- Inventário dos equipamentos

A avaliação do nível de segurança físico, lógico e ambiental precisa considerar ainda elementos como a passagem de veículos e de pessoas, o nível de segurança e seu perímetro, entre outros fatores. Dessa maneira, algumas regras e informações devem ser contempladas ao se criar uma política de segurança de dados. A seguir, sugerem-se alguns elementos que podem estar contidos nesses documentos:

» introdução;
» objetivos;
» abrangência;
» patrimônio;
» conselho de gerenciamento de segurança de TI;
» regras de políticas da segurança de TI;
» atualização das políticas voltadas à segurança de TI;
» recursos humanos como desligamento, afastamento e ingresso;

- » estações de servidores e computadores;
- » riscos;
- » decisões em relação aos riscos;
- » atualização das medidas contidas na política.

Assim, uma boa política de segurança da informação precisa contemplar e equilibrar três elementos: as ferramentas, os processos e as pessoas. Recomenda-se ainda adaptá-la ao comitê gestor em segurança considerando-se as necessidades, as características e a realidade da organização. Por fim, esse documento deve ser apoiado e aprovado pela alta gestão da organização, além de estar devidamente atrelado à política de qualidade institucional.

Para saber mais

A segurança física, lógica e ambiental é essencial para garantir a manutenção dos dados em uma empresa. Todos esses elementos precisam convergir para assegurar a proteção das informações. Para aprender um pouco mais sobre a temática, leia a seguinte tese:

ALEXANDRIA, J. C. S. de. **Gestão da segurança da informação**: uma proposta para potencializar a efetividade da segurança da informação em ambiente de pesquisa científica. 193 f. Tese (Doutorado em Ciências) – Instituto de Pesquisas Energéticas e Nucleares, São Paulo, 2009. Disponível em: <http://pelicano.ipen.br/PosG30/TextoCompleto/Joao%20Carlos%20Soares%20de%20Alexandria_D.pdf>. Acesso em: 16 ago. 2022.

Síntese

Na internet, há vírus e infiltrações que demandam o uso de mecanismos para proteção e bloqueio interno da rede contra aplicativos capazes de prejudicar os sistemas, culminando em falhas que podem resultar na parada da estrutura informacional.

A segurança física exige o emprego de instrumentos para controlar os dados de forma tangível, de modo a garantir a proteção das informações.

Os CPDs são departamentos voltados ao processamento das informações. Requerem o gerenciamento adequado desse ambiente para evitar danos provenientes de agentes externos e internos.

Existem inúmeras ameaças e agentes que afetam a segurança dos dados. Entre os mais comuns estão as ações desonestas, as falhas em equipamentos, entre outros eventos e fenômenos.

Há diversas maneiras de se proteger contra as ameaças aos dados, sendo as mais comuns as medidas preventivas, detectivas e corretivas.

Os mecanismos de controle mais empregados nas organizações para proteger seus dados envolvem tarefas como redes provadas virtuais, autenticação e infraestrutura de chaves públicas.

A integração da segurança física, lógica e ambiental é a chave para que as empresas desenvolvam métodos para proteger seus dados de modo mais eficiente.

Existem diversos dispositivos para atestar a segurança das informações. Esses componentes apresentam normalmente um desgaste físico e lógico, o que é algo normal, que deve ser observado para a preservação da integridade dos dados.

Para que a política de segurança seja eficiente, três componentes precisam trabalhar em sinergia: as pessoas, os processos e as ferramentas.

IV

Conteúdos do capítulo:

» Atividade de contrainteligência.
» Características da contrainteligência.
» Atribuições da contrainteligência.
» Técnicas de contrainteligência.
» Agência Brasileira de Inteligência (Abin).
» Programa Nacional de Proteção do Conhecimento Sensível (PNPC).

Após o estudo deste capítulo, você será capaz de:

1. explicar a contrainteligência;
2. indicar as características da contrainteligência;
3. identificar as técnicas de contrainteligência;
4. conceituar o PNPC;
5. identificar as etapas de implementação do PNPC;
6. definir as particularidades das técnicas e tecnologias do PNPC.

Contrainteligência

A contrainteligência é uma importante medida que integra a inteligência, utilizada para a identificação e neutralização de ações ligadas à espionagem e para o resguardo dos interesses de cidadãos e de Estados. Essa medida coíbe a atuação de agentes estrangeiros que visam obter dados sensíveis de um cliente, seja ele público, seja ele privado. É importante tratar desse tema no caso do Brasil, que dispõe de uma grande biodiversidade e conta com uma população frequentemente aliciada por estrangeiros para conseguir informações privilegiadas acerca de dada espécie a fim de utilizar seus benefícios para favorecimento próprio, por exemplo.

Muitas organizações e nações são prejudicadas nesse processo, uma vez que perdem espaço no mercado externo, o que impacta diretamente sua sobrevivência. Para tentar minimizar problemas dessa natureza, desenvolveu-se no Brasil o Programa Nacional de Proteção do Conhecimento Sensível (PNPC), que busca conscientizar as organizações e a população acerca de eventos dessa natureza.

4.1 A atividade de contrainteligência

A atividade de contrainteligência é preventiva, haja vista que a gestão da informação e do conhecimento (GIC) atua em conjunto com a inteligência no que se refere à contrainteligência nacional. Essa parceria viabiliza a **proteção do conhecimento sensível**, em que se resguardam os interesses do Estado e da sociedade por meio do PNPC.

Com a criação da Agência Brasileira de Inteligência (Abin), por meio da Lei n. 9.883, de 7 de dezembro de 1999, que também determina a instituição do Sistema Brasileiro de

Inteligência (Sisbin) e dá outras providências, começou-se a discutir o PNPC. A consolidação desse instrumento visava ao exercício do papel institucional da agência, que consiste em planejar e realizar a proteção dos conhecimentos sensíveis associados à segurança e aos interesses da sociedade e do Estado.

> ## Consultando a legislação
>
> Pela Portaria n. 59, de 26 de julho de 2018, afirmou-se claramente que a Abin era a responsável pelas atividades de contrainteligência brasileiras e pela implementação do PNPC, tendo em consideração a necessidade de conscientizar os sujeitos que detêm conhecimentos sensíveis acerca das ameaças existentes e o grande interesse de outros indivíduos nesses componentes. Essa cultura de conscientização buscava desenvolver automaticamente medidas de acompanhamento, assessoramento e proteção de dados.
>
> BRASIL. Portaria n. 59, de 26 de julho de 2018. **Diário Oficial da União**, Poder Executivo, Brasília, DF, 27 jul. 2018. Disponível em: <https://www.in.gov.br/materia/-/asset_publisher/Kujrw0TZC2Mb/content/id/34380628/do1-2018-07-27-portaria-n-59-de-26-de-julho-de-2018-34380599>. Acesso em: 16 ago. 2022.

O conhecimento sensível corresponde ao conhecimento estratégico ou sigiloso cujo acesso não autorizado tende a impactar o alcance de objetivos nacionais e culminar em danos ao Estado, requerendo medidas de proteção especiais. Pode-se afirmar que o conhecimento sensível é semelhante ao conhecimento estratégico:

> *Tendo esse conceito em mente, nota-se que tal plano visa, principalmente, alcançar um objetivo específico em favor do Estado estrategista. Com isso, percebe-se que o Conhecimento Estratégico seria um aglomerado de informações que visam dar base para um conjunto de princípios de caráter geral que teriam por meta principal, dentro de Estado como, por exemplo, o Brasil, ajudar no processo decisório do presidente da república, dar base para a formação de políticas públicas de defesa, diplomacia, políticas sociais, políticas de investimento nas áreas mais necessárias para o desenvolvimento da nação, entre outras.* (Souza, 2009, p. 22)

Nesse sentido, uma das atribuições da contrainteligência é gerar conhecimento para o desenvolvimento de ações ligadas à proteção de infraestruturas (tecnologias da informação, transportes e comunicações, por exemplo) críticas, de conhecimentos, dados e demais ativos sigilosos e sensíveis ao interesse da sociedade e do Estado. Além disso, a contrainteligência busca neutralizar, obstruir, detectar e prevenir quaisquer atividades de inteligência adversa, bem como ações de qualquer natureza que afetem a salvaguarda das informações, das pessoas, das áreas, dos conhecimentos e dos meios de interesse da segurança do Estado e da sociedade.

A contrainteligência estatal considera a implementação de medidas que se opõem a ações como as citadas na Figura 4.1.

Figura 4.1 – Ações combatidas pela contrainteligência estatal

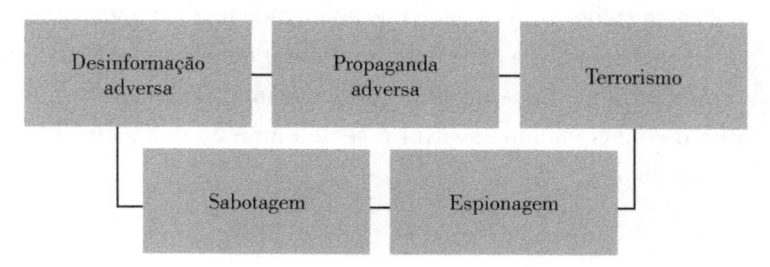

A contrainteligência garante a segurança do patrimônio brasileiro sob responsabilidade de inúmeras instituições nos mais variados campos, partindo dos interesses estratégicos para o desenvolvimento nacional e a segurança. No que se refere à prevenção, a contrainteligência trabalha para capacitar, orientar e sensibilizar as organizações estratégicas do país para que protejam seus ativos por meio da promoção de medidas e comportamentos ligados à segurança. O setor pode atuar também para avaliar os riscos de segurança dessas empresas a fim de que se consiga apontar a elas o perigo ao qual estão sujeitas.

Como explicamos anteriormente, a contrainteligência e a inteligência caminham de modo integrado. Conforme Moreira (2016, p. 52),

> Existe a preocupação de se guardar esses segredos, de modo que não caiam em mãos adversas, o que representaria uma ameaça, ou até mesmo um retrocesso, na manutenção do poder por meio da informação. Esse processo de proteção do conhecimento de inteligência, com a intenção de salvaguarda, é universalmente conhecido como "contrainteligência".
>
> Considera-se a atividade como processo de produção de conhecimento, que tem a possibilidade de servir como balança decisória e proteção que essas informações trabalhadas recebem. O fito é de que não possam ser descobertas e utilizadas por pessoas ou organizações adversas. Surge daí a caracterização dos dois grandes ramos que a inteligência apresenta doutrinariamente, enquanto atividade: inteligência e contrainteligência.

A contrainteligência atua em outros campos como neutralização, obstrução e detecção para o desenvolvimento de atividades (especializadas ou não) com o emprego de recursos tecnológicos e humanos a fim de refutar ameaças prováveis ao interesse nacional e social. Estratificam-se as ações de contrainteligência em dois grupos principais: segurança ativa e segurança orgânica.

A **segurança ativa** diz respeito à junção de uma série de elementos e medidas, majoritariamente proativas, que buscam neutralizar, avaliar, identificar e detectar ações adversas. Consideram-se, então, medidas voltadas à contrapropaganda, à contrassabotagem, ao contraterrorismo e à contraespionagem.

No entanto, a contrainteligência do Estado é um componente de grande relevância nos dias de hoje, sendo definida como **segurança orgânica**. Esse modelo consiste na adoção de uma série de medidas voltadas à obstrução e à prevenção de ameaças de qualquer tipo, independentemente de serem direcionadas a instalações, áreas, materiais, conhecimentos, dados ou pessoas. O importante nessa situação é considerar fatores como as ameaças existentes, as vulnerabilidades e as situações. A segurança orgânica se divide em quatro grupos, como mostra a Figura 4.2.

Figura 4.2 – Divisões da segurança orgânica

```
┌──────────────────────┐   ┌──────────────────────┐
│ Proteção de instalações │──│ Proteção de material │
│       e áreas           │   │                      │
└──────────┬───────────┘   └──────────┬───────────┘
           │                          │
┌──────────┴───────────┐   ┌──────────┴───────────┐
│ Proteção de recursos │──│    Proteção de       │
│       humanos        │   │   conhecimento       │
└──────────────────────┘   └──────────────────────┘
```

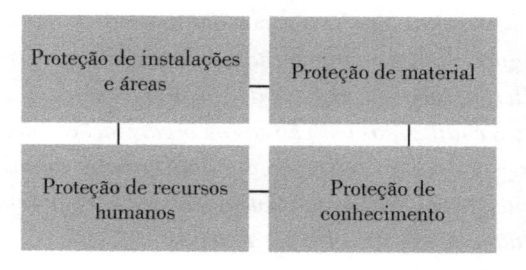

As medidas citadas, especialmente a referente ao conhecimento, estão contidas no PNPC, e seu entendimento é indispensável para que a relação entre a inteligência do Estado e a ciência da informação seja identificada, assim como iniciativas que tendem a culminar na proteção de conhecimento sensível, indispensável para a segurança nacional.

Exercício resolvido

A contrainteligência consiste em uma série de medidas desempenhadas para assegurar a proteção dos interesses do Estado e da sociedade. Essa atividade caminha de modo conjunto e integrado com a inteligência, sendo indispensável para o desenvolvimento do país. Sabe-se que existem dois grupos principais voltados às ações de contrainteligência. Quais são eles?

a. A proteção de recursos humanos e a proteção de conhecimento são elementos indispensáveis para que se promova o desenvolvimento do país, sendo esse aspecto diretamente associado com as ações de contrainteligência.

b. A proteção da segurança e a segurança ativa são itens essenciais para o desenvolvimento das ações de contrainteligência a fim de que os interesses do Estado e da sociedade sejam protegidos.

c. A segurança ativa e a segurança das instalações são os dois grupos principais voltados às ações de contrainteligência, que visam contribuir para assegurar os interesses do Estado e da sociedade.

d. A segurança orgânica e a segurança ativa são identificadas como os dois elementos indispensáveis para garantir que as medidas de contrainteligência sejam desenvolvidas em consonância com os interesses da sociedade e do Estado.

> Gabarito: d
> **Feedback do exercício em geral**: A segurança orgânica consiste na adoção de uma série de medidas voltadas à obstrução e à prevenção de ameaças de qualquer tipo, independentemente de estarem voltadas a instalações, áreas, materiais, conhecimentos, dados ou pessoas. A segurança ativa, por sua vez, diz respeito à associação de uma série de elementos e medidas proativas que buscam neutralizar, avaliar, identificar e detectar ações adversas em que se desenvolvem medidas de contrapropaganda, de contrassabotagem, de contraterrorismo e de contraespionagem.

Proteger o conhecimento consiste em salvaguardar conhecimentos sensíveis ou sigilosos; os dados com divulgação não autorizada ou acesso restrito podem culminar em grandes impactos negativos para o Estado e a sociedade em razão de sua relevância para o desenvolvimento do país. Essa atividade de proteção é desenvolvida por agentes que detêm conhecimento sobre o suporte físico em que esses dados estão registrados, o meio em que os veicula e os ambientes em que se encontram, como:

» instalações e áreas;
» meios da tecnologia da informação (informática e comunicação);
» materiais;
» documentos;
» pessoas.

A adoção de uma postura preventiva deve ser um objetivo de todos, imprescindível para a manutenção e o desenvolvimento do pensamento voltado à proteção. Essas atitudes são adequadas e favoráveis ao processo de conscientização da relevância

e da proteção de dados sigilosos. Nesse sentido, vale mencionar algumas diferenças entre os conhecimentos estratégicos, os sigilosos e os sensíveis:
» O conhecimento estratégico se relaciona com setores e/ou assuntos indispensáveis para alcançar os objetivos básicos do Estado.
» O conhecimento sigiloso consiste em informações ou dados cujo conhecimento irrestrito tende a gerar riscos à segurança do Estado e da sociedade, como aqueles requeridos para garantir a não violação da imagem, da honra e da vida privada dos indivíduos.
» O conhecimento sensível apresenta potencial e natureza que requerem medidas especiais para assegurar sua proteção, partindo-se do pressuposto de que tem grande relevância para a garantia da segurança e dos interesses nacionais da sociedade e do Estado.

Posto isso, convém observar que o Brasil enfrenta inúmeros desafios quando o assunto é proteger os conhecimentos sensíveis. O principal deles é o desenvolvimento de medidas ligadas à criação de uma cultura voltada para a proteção dessas informações. Criar essa cultura é essencial para a garantia da soberania e a preservação dos interesses de segurança nacional e econômicos. Segundo Cardoso (2017, p. 18),

> *A proteção do conhecimento sensível consiste no estabelecimento de medidas preventivas ou mitigatórias através de ações estratégicas de gestão de Estado, visando a sua assimilação na iniciativa pública e privada. É uma normativa programática de inteligência, uma ação interativa, a ser desenvolvida através da sensibilização, conscientização e inserção de medidas de gestão nos níveis estratégico, tático e operacional, nos diversos departamentos, projetos e processos das organizações detentoras de tais conhecimentos.*

Os antecedentes históricos e as bases metodológicas e teóricas que serviram de inspiração para a criação do PNPC se ligam intimamente com o Estágio da Proteção de Informações Empresariais (EsPIE), que consistia em um projeto da Escola Nacional de Inteligência do Sistema Nacional de Informações (EsNI/SNI). A criação do sistema se deu na década de 1980 e regulamentou a proteção de conhecimento e as atividades da contrainteligência no Brasil nesse período, sendo fundamental para embasar as atividades executadas nos dias de hoje.

Cabe destacar aqui o surgimento da proteção de conhecimento voltado à **inteligência econômica**, especialmente no que se refere a procedimentos éticos e legais. Essa cultura é fundamental para a criação de uma série de medidas para proteger, difundir e tratar dados estratégicos que subsidiam as tomadas de decisão por diversos agentes econômicos atuantes nas esferas governamentais e empresariais.

Ainda sobre a inteligência econômica, é defendida a ideia de que atividades voltadas à proteção de dados precisam ser realizadas em paraleleo com ações de monitoramento do ambiente externo. Para que esse procedimento seja possível, é necessário que o Estado estimule o desenvolvimento de políticas de segurança econômicas a fim de proteger dados de alto valor agregado.

> **Importante!**
>
> A Abin entende que as informações e o conhecimento podem servir para a obtenção de vantagem competitiva, principal ativo das organizações, condição para o desenvolvimento econômico e social de países. A agência defende ainda que o gerenciamento do conhecimento e dos dados, quando realizado em conjunto com a inteligência econômica – no sentido da contrainteligência –, possibilita a proteção de conhecimentos sensíveis. Isso significa que as interfaces existentes entre as atividades de inteligência e a ciência da informação, desde que devidamente aplicadas ao panorama da atividade de inteligência estatal, contribuem para consolidar a contrainteligência estatal.

Graças a essa dinâmica, a GIC passou a representar um campo estratégico focado na economicidade associada à geração de conhecimento da inteligência, o que permite a aquisição de vantagens competitivas para uma nação, bem como a proteção de dados tecnológicos e científicos relacionados à atividade de produção.

A seguir, no Quadro 4.1, apresentamos a classificação das atividades relacionadas às tarefas de contrainteligência e de inteligência de modo a ampliar, diferenciar e esclarecer os mais variados ambientes informacionais.

Quadro 4.1 – Atividades de inteligência e contrainteligência

Econômico-mercadológica	Caracterizada pela preocupação com as inteligências empresarial, organizacional, de mercado, estratégica, de negócios e competitiva.
Econômico-fiscal	Pautada na inteligência fiscal.
Econômico-financeira	Destinada à inteligência financeira.
Econômico-tecnológica	Ligada à inteligência econômica.

É importante mencionar que a análise das várias modalidades de inteligência permite o desenvolvimento de visões sistemáticas informacionais acerca de elementos como objetivos, critérios, escopo e ambiente. Compreender esses itens contribui para a preservação do conhecimento sensível nas mais variadas esferas.

Salientamos que as atividades desenvolvidas pela contrainteligência estatal são diretamente ligadas à cadeia de conceitos de modo trans e interdisciplinar em vários campos de conhecimento e disciplinas ligadas à ciência da informação. Além disso, há uma forte ligação dessas ações com a GIC, que visa promover a integração dos sistemas de inteligência com os de conhecimento e os de informação a fim de otimizar a interoperabilidade e a comunicação entre esses elementos. Esse vínculo auxilia os agentes envolvidos em processos de tomada de decisão diretamente relacionados aos sistemas de proteção dos conhecimentos sensíveis em várias organizações nacionais, independentemente de serem privadas ou públicas.

Com a criação do PNPC pela Abin, desenvolveu-se um instrumento de prevenção ligado à preservação da segurança dos conhecimentos. Trata-se de um conjunto de medidas ligadas a iniciativas de segurança orgânica presentes na contrainteligência que permitem a constatação da eficiência das atividades de inteligência quanto à sua atuação na proteção do conhecimento sensível por meio do monitoramento do meio ambiente externo. Por meio desse recurso também são monitorados os detentores de conhecimento, bem como os meios de veiculação, os suportes físicos e os locais em que se encontram elementos como instalações e áreas, meios da tecnologia da informação (informática e comunicação), materiais, documentos e pessoas.

A compreensão da natureza preventiva e reativa da contrainteligência estatal auxilia no fortalecimento dos patrimônios (ativos) indispensáveis para o país. Destacamos ainda que tais elementos são adquiridos graças às políticas de desinformação e de contrainformação, duas técnicas sobre as quais discutiremos mais à frente.

> Importante!
>
> Vale apontar que não existe apenas um modelo destinado à proteção de conhecimento. No entanto, a criação de instrumentos dessa natureza precisa contar com elementos que englobam novos modos de acessar, compartilhar e registrar conhecimentos e também armazenar dados. A razão disso é o rápido crescimento das tecnologias comunicacionais e de informação, que requerem o desenvolvimento de políticas que transcendam as tradicionais práticas de segurança.

As mudanças são necessárias para acompanhar a evolução tecnológica, demanda percebida após alterações na elaboração de políticas de inteligência e de informação ocorridas posteriormente à redefinição do Estado (que deixou de ser burocrático e passou a ser informacional). Com o cenário de mudanças vivenciado pelo mundo e conduzido pelo paradigma econômico e técnico da TI, nota-se a elevação das rivalidades econômicas entre as nações. Essas rivalidades exigem a criação de atividades voltadas à inteligência para a manutenção das estruturas econômicas, da competitividade e do desenvolvimento.

Diante de novos modos de poder, inúmeras dimensões políticas e mercadológicas atuam em conjunto a fim de reduzir a elevada concorrência do valor incremental dos dados associados às inovações. Nesse contexto, estabelecer políticas de inteligência e de informação é imprescindível para elaborar diretrizes voltadas à promoção da cultura protetiva ao mesmo tempo que se assegura o estímulo à inovação considerando iniciativas relacionadas:

» à elaboração dos conhecimentos;
» ao fortalecimento de culturas;
» ao aprimoramento de sistemas;
» à melhoria dos processos.

A inovação, portanto, tem um caráter relevante para o desenvolvimento econômico de um Estado, pois, por meio de instrumentos ligados a ela, é possível criar programas voltados à **salvaguarda**. Integrada a esse elemento, há a ação política, relacionada à determinação de objetivos e de metas para que se possa alcançá-los. Quando o agente principal a ser tratado é o Estado, são identificados e estabelecidos os objetivos da nação. Por fim, orienta-se, analisa-se e aplica-se o poder para garantir a salvaguarda dos interesses e do patrimônio.

> **O que é**
>
> A salvaguarda é uma das principais características da contrainteligência, sendo diretamente ligada à legislação nacional que busca proteger os conhecimentos desenvolvidos pelos Estados. Os principais objetivos desse instrumento são neutralizar, obstruir, detectar e prevenir a inteligência adversa, bem como ações de qualquer natureza que impactam a segurança dos conhecimentos, das informações e dos dados nacionais.

Nesse contexto, por meio de tarefas executadas pela Abin, que trabalha em conjunto com outros órgãos brasileiros públicos e privados, atua-se na contrainteligência de modo a estimular a cultura da proteção de conhecimento. A disseminação da cultura de conhecimento se deu graças à implementação do PNPC, que visa à determinação de uma série de mecanismos e procedimentos que buscam proteger pessoas, áreas, conhecimentos, informações e dados, bem como estimular a cultura protecionista. De acordo com Cardoso (2017, p. 19),

> *O PNPC realiza fóruns regulares de discussões sobre proteção do conhecimento sensível, visando sensibilização de empresas privadas, órgãos públicos e organizações do terceiro setor. Entre as áreas de que o PNPC se expandiu estão o setor nuclear e a proteção dos conhecimentos tradicionais associados à biodiversidade, com avançado sucesso em inteligência competitiva nos últimos anos. Conforme dados do programa, as instituições públicas e sem fins lucrativos não necessitam de cobrir custas de implantação do programa, mas empresas privadas detentoras de conhecimento sensível e com preocupação estratégica devem solicitar à ABIN a implantação do programa,*

> *além de custear as despesas de hospedagem dos profissionais e para sua implantação.*

Diante do exposto, o Brasil apresenta um grande potencial competitivo no que tange aos seus conhecimentos, uma importante vantagem competitiva e o ativo mais relevante das organizações. Assim, proteger os conhecimentos estratégicos nacionais é condição indispensável para que o país cresça dos pontos de vista econômico e social, um dos grandes desafios do século para os Estados e as empresas. Por exemplo: o Brasil apresenta uma grande diversidade biológica – a maior do planeta –, que, por sua vez, pode ser associada com os conhecimentos tradicionais acerca do patrimônio genético, culminando em alto potencial para o desenvolvimento de produtos como alimentos, cosméticos, enzimas industriais e fármacos. A compreensão desses conhecimentos permite, entre outras iniciativas, inserir a nação na economia global, tornando-a uma grande referência no mercado externo, cujas organizações muitas vezes empreendem atividades relacionadas à sabotagem e à espionagem. Esse fenômeno requer a criação de medidas e ações para garantir a salvaguarda dos conhecimentos nacionais sensíveis, especialmente no que se refere à proteção desses elementos, que é uma das atribuições do PNPC.

> **Exemplificando**
>
> A busca pela compreensão de informações sobre os recursos naturais do Brasil tem feito com que populações ribeirinhas e indígenas sofram assédios estrangeiros a fim de extrair dessas coletividades ensinamentos sobre certas espécies nativas ligadas à fauna e à flora destinadas à cura de algumas doenças. Nesse sentido, a contrainteligência da Abin tem voltado sua atenção para a sensibilização da sociedade acerca da relevância de se preservar o patrimônio natural brasileiro e alertar sobre a realização de práticas ilícitas que culminam em inúmeras perdas econômicas para a nação.

No que se refere aos campos de atuação, apresentamos a seguir, na Figura 4.3, os pontos mais caros ao trabalho do PNPC.

Figura 4.3 – Elementos de proteção do PNPC

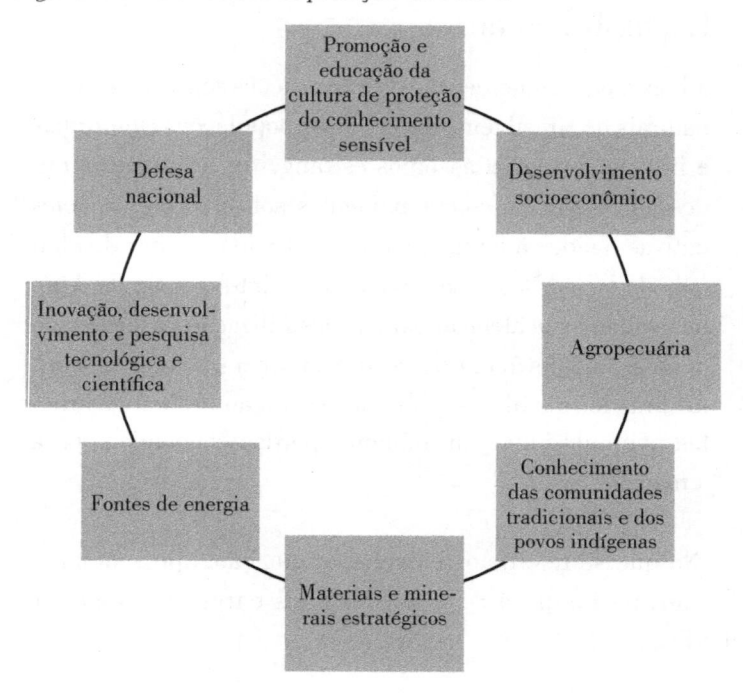

- Promoção e educação da cultura de proteção do conhecimento sensível
- Desenvolvimento socioeconômico
- Agropecuária
- Conhecimento das comunidades tradicionais e dos povos indígenas
- Materiais e minerais estratégicos
- Fontes de energia
- Inovação, desenvolvimento e pesquisa tecnológica e científica
- Defesa nacional

Exercício resolvido

A contrainteligência é uma atividade que busca garantir que os interesses do Estado e dos cidadãos sejam preservados a fim de resguardar a segurança desses agentes. Além disso, esse termo está diretamente relacionado com a inteligência, sendo importante para o desenvolvimento da nação. Com base nas informações a respeito da relevância da contrainteligência, assinale a alternativa que apresenta um dos objetivos dessa atividade:

a. As atividades de fortalecimento das culturas podem ser empregadas no chamado *panorama da atividade de inteligência estatal*, permitindo consolidar a contrainteligência estatal.
b. Estabelecer políticas de inteligência e de desinformação é imprescindível para a elaboração de diretrizes voltadas à promoção da cultura protetiva e à garantia do estímulo à inovação, considerando-se iniciativas voltadas ao fortalecimento de culturas, ao aprimoramento de sistemas, à melhoria dos processos e à elaboração de conhecimentos.
c. O principal desafio enfrentado pelo Brasil na proteção de conhecimentos sensíveis é a elaboração de uma cultura voltada à desproteção dos dados e dos conhecimentos sensíveis.
d. A busca por informações sensíveis tem elevado o assédio a populações ribeirinhas e indígenas no Brasil, pois grupos estrangeiros têm requerido dessas coletividades ensinamentos sobre certas espécies nativas ligadas à fauna e à flora utilizadas para a cura de algumas doenças.

> Gabarito: d
> **Feedback do exercício em geral**: As atividades de inteligência e de ciência da informação podem ser empregadas no chamado *panorama da atividade de inteligência estatal*, permitindo a consolidação da contrainteligência estatal. Estabelecer políticas de desinteligência e de desinformação é imprescindível para elaborar diretrizes voltadas à promoção da cultura protetiva e assegurar o estímulo à inovação, considerando-se iniciativas voltadas ao fortalecimento de culturas, ao aprimoramento de sistemas, à melhoria dos processos e à elaboração de conhecimentos. O principal desafio enfrentado pelo Brasil na proteção de conhecimentos sensíveis é a elaboração de uma cultura voltada à proteção dos dados e dos conhecimentos sensíveis. A busca por informações sensíveis tem elevado o assédio a populações ribeirinhas e indígenas no Brasil, pois grupos estrangeiros têm requerido dessas coletividades ensinamentos sobre certas espécies nativas ligadas à fauna e à flora utilizadas para a cura de algumas doenças.

4.2 Técnicas de contrainteligência

No senso comum, *decepção, desinformação* e *falsa informação* são termos sinônimos. No entanto, os profissionais da área de inteligência conceituam esses vocábulos de outra maneira. Apresentamos a seguir, no Quadro 4.2, uma síntese dos significados dessas expressões.

Quadro 4.2 – Especificidades dos termos decepção, desinformação *e* falsa informação

Falsa informação	Ignorância ou erro.
Desinformação	Relacionada à malícia, apresentando comumente uma conotação ofensiva no campo da inteligência.
Decepção	Usualmente observada no campo defensivo da inteligência, mesmo apresentando uma conotação ofensiva, principalmente ao ser empregada internacionalmente. Contudo, a inteligência a encara como um modo politicamente correto de empregar uma gerência de percepção.

A segurança privada se utiliza dessas técnicas para o desenvolvimento de ações para defender preventivamente os interesses de seus clientes. Esses componentes se relacionam estreitamente com o caráter estratégico das atividades de segurança, o que é imprescindível para compreender o mercado, evitar ameaças, detectar oportunidades, entre outras possibilidades. A seguir, abordaremos essas técnicas com mais detalhes.

4.2.1 Falsa informação

A falsa informação consiste na elaboração de entendimentos falsos compostos por elementos confusos, obtidos pelos infiltrados em pesquisas por meio de passos falsos ou de erros deliberados. Se um infiltrado descobre, por exemplo, uma informação completamente errada em um jornal ou revista, a agência de segurança não pode fazer nada sobre isso, resultando na descoberta de uma falsa informação por parte do infiltrado.

Já quando o redator da matéria levou em conta informações de profissionais que exageraram na abordagem das informações ou não sabiam delas, trata-se de um erro das fontes e do repórter. Nesse caso, o analista da contrainteligência pode não ter atuado de modo proposital para criar um falso entendimento para confundir agentes infiltrados.

Se os agentes da inteligência seguem caminhos apontados por algum informante que acredita que pode estar errado ou se esse profissional comete um erro, não existe nenhuma obrigação ou regra moral e ética que imponha a necessidade de corrigi-lo. O agente tem a responsabilidade de conferir a validade das informações recebidas, assim como sua precisão, antes de optar por tomar alguma atitude ou decisão.

4.2.2 Desinformação

A desinformação consiste na ação de enganar alvos; por meio de determinados efeitos gerados pela distorção ou ocultação de elementos e fatos, inimigos são conduzidos a desenvolver julgamentos equivocados. Há quem acredite que todas as estratégias militares são pautadas nessa técnica, especialmente na dissimulação, em que determinado grupo ludibria o oponente fazendo-se parecer inferior, de modo a estimular a arrogância do inimigo e fazê-lo cometer um erro tático.

Nesse sentido, as ações de contrainteligência visam identificar o invasor de forma a neutralizá-lo, a fim de contra-atacar ou então recuperar dados por meio da desinformação. A razão dessas iniciativas reside no fato de que, na segurança pública, não se pode focar somente medidas e ações operacionais – devem-se escolher técnicas e ferramentas para garantir a manutenção do conhecimento.

A desinformação é fruto da atitude ativa de um indivíduo que elaborou um objetivo e um meio de se atingi-lo mediante a concessão de dados falsos. A informação, nesse caso, é colocada no sistema de comunicação do agente, que, em determinado momento, por meio da mídia ou de outra fonte de confiança do alvo, é conduzido a acreditar no que foi publicado. Normalmente, a desinformação é criada para tirar proveito de estereótipos existentes, em especial quando se trata das heranças culturais de uma nação ou de um dado grupo específico. Os principais agentes da desinformação são aqueles indivíduos que se encontram na extremidade social e política, dotados de baixa tolerância ao ceticismo, que deixam dados de baixa confiabilidade impactar seu julgamento. Conforme Lange (2007, p. 134),

> *Uma das medidas ativas dentro do campo da Contrainteligência é o uso de uma técnica conhecida como desinformação, que consiste em mesclar informações verdadeiras com informações falsas, com o intuito de induzir a estratégia adversária a erros de julgamento, obstruindo ou, até mesmo, impedindo, desse modo, as possibilidades de êxito em tentativas de obtenção não autorizada de informação sensível. Essa técnica deve ser elaborada de forma meticulosa, por possuir um alto grau de complexidade em sua estruturação. Deve-se evitar o uso excessivo de informações falsas, para que o alvo da desinformação não venha a desconfiar de sua suposta autenticidade, e procurar, também, manter um nível de fluxo de informações razoavelmente dentro da capacidade de assimilação do alvo, garantindo que as informações falsas sejam processadas e obtenham o resultado desejado. Por isso, a desinformação e a própria Contrainteligência possuem a virtude de fazer com que o adversário seja derrotado antes mesmo de perceber que está envolvido em um conflito.*

Na sequência, apresentaremos um exemplo da história da contrainteligência e, mais especificamente, da desinformação.

■ Operação Mincemeat*

A ação mais difundida no mundo da contrainteligência relacionada à desinformação é a chamada "Operação da Desinformação da Segunda Guerra Mundial" – a **Operação Mincemeat**. Esse evento ocorreu depois do sucesso da invasão da África do Norte, quando estrategistas dos Aliados buscavam apontar qual seria o próximo passo a ser executado. Com isso, definiu-se avançar da África para a Europa atravessando a Sicília, cruzando o estreito de Messina. Os alemães conseguiram interceptar essa mensagem e esperavam que isso acontecesse de fato, o que culminaria na concentração de forças na localização especificada.

Nesse momento, entrou em cena o Intelligence Service para tentar convencer os alemães do contrário e fazer com que suas forças-tarefa se alocassem em outros pontos. Em 30 de abril de 1943, à noite, lançou-se uma cápsula que se abriria no mar, de modo premeditado (ação de um submarino britânico), sendo que poucos oficiais a bordo sabiam de seu conteúdo.

O objeto, levado pela maré, foi encontrado por um pescador espanhol, que imediatamente avisou as autoridades navais, sendo o fato comunicado aos nazistas. Em pouco tempo, o serviço de espionagem alemão verificou a precisão dos dados trazidos pelo objeto e, depois de uma semana de contrainformações, os Aliados receberam dados de que as tropas da Alemanha estavam se dirigindo para Sardenha, Córsega e Grécia.

A Operação Mincemeat foi planejada minuciosamente, desde o cadáver – cuja *causa mortis* foi determinada como sendo

---

* Seção elaborada com base em Macintyre (2022).

um afogamento para confundir os alemães, uma vez que esse evento seria investigado pela inteligência alemã, bem como outras histórias inventadas a respeito do fato. Criou-se um falso major, William Martin, que tinha um passado verídico (súdito britânico que não teve a identidade revelada), com uma farda bordada com seu nome. Além disso, foram colocados no bolso desse sujeito uma nota de lavanderia, um bilhete de teatro e uma carta de sua noiva. Tudo isso poderia ser verificado, pois haveria quem daria crédito para essas informações.

Em síntese, o plano era relativamente simples e consistia em transmitir uma desinformação, que era uma carta de *Sir* Archibald Nye, um general do Estado-Maior Imperial, para o comandante do Exército da África, General Alexander. Esse documento continha relatos de que Alexander não estava recebendo o que desejava, o que dava a entender que havia a intenção de atacar o Mediterrâneo Ocidental (a Grécia e outro país que não era precisado; o único dado que se sabia a respeito era que não se tratava da Sicília).

O falso major levava consigo ainda um comunicado de Louis Mountbatten, lorde inglês, para o então Almirante Andrew Cunningham, comandante responsável por chefiar o Mediterrâneo, explicando a missão. Nessa carta, a conclusão era que Martin seria o oficial que servia para a empreitada, que ele deveria ser enviado novamente depois do combate e que não deveria "receber mais sardinhas". As sardinhas faziam alusão à Sardenha, visando apontar para os alemães o objetivo do ataque. Diante disso, o que a cápsula transportava pelo submarino britânico era o cadáver de Martin, que foi jogado perto de Huelva.

O plano foi aprovado por Churchill; Dwight Eisenhower, general americano responsável pela invasão da Sicília, deveria ser informado sobre os planos. Depois de o pescador ter encontrado o corpo nas proximidades da praia e ter avisado imediatamente as autoridades competentes, realizou-se uma autópsia em que se constatou que houve asfixia causada pela imersão no mar. Como era esperado, os documentos plantados no cadáver do major foram fotografados por um famoso espião nazista que atuava na Espanha, que encaminhou as imagens para a Alemanha.

Nesse intervalo, outro agente alemão infiltrado na Inglaterra estava analisando o passado do major, levantando as informações referentes à sua vida. Como os britânicos criaram inúmeras provas reais, os achados do agente o convenceram de que a história era verídica. Tendo constatado a verdade, o agente informou seus superiores na Alemanha; contudo, nesse momento, a contrainteligência já tinha seguido seus passos.

O resultado disso foi que o Alto Comando da Alemanha ordenou a transferência imediata da Divisão Blindada da França para a região grega do Peloponeso, além de ter plantado minas terrestres no litoral da Grécia. Na região oeste, o Marechal de Campo Wilhelm Keitel firmou uma parceria em que se promoveu o reforço da Sardenha. Após o começo do ataque principal à Sicília, acreditava-se que se tratava somente de mais uma manobra em segundo plano.

O sucesso da missão foi apontado por Erwin Rommel, marechal de campo. Em seus documentos pessoais, o militar afirma que, no momento da invasão à Sicília pelos Aliados, houve a dispersão das tropas alemãs, cuja razão era o cadáver do major encontrado na costa espanhola.

4.2.3 Decepção

A decepção refere-se à dissimulação, uma característica intrínseca às operações militares. Nesse sentido, quando um líder é capaz, ele deve aparentar incapacidade, e vice-versa. A razão dessa postura reside em oferecer iscas para atrair os inimigos, que tendem a procurar alguma fraqueza para tentar capturar o oponente quando há algo errado, e contra-atacá-los quando estiverem "com a guarda baixa".

Usualmente, as impressões tendem a influenciar de modo considerável a opinião dos adversários, que dificilmente questionam seus próprios julgamentos. Além disso, a decepção tem a capacidade de resistir a análises mais críticas, deixadas de lado na maioria dos casos. A decepção tem como ponto principal o **saber** (ou, então, a crença de que se sabe algo).

Portanto, a desorientação é essencial para apontar tópicos que não estão sendo investigados. No processo de decepção, é recomendável fornecer, de modo proposital, falsos entendimentos e a confusão sobre as limitações, as situações e as capacidades de quem está apresentando as informações.

Esse campo da contrainteligência não pode ser encarado como um trabalho separado da inteligência, uma vez que ambos integram esta última de maneira geral. De um lado, há uma equipe atuando de modo ofensivo; do outro, há um grupo que trabalha de maneira defensiva com o intuito de proteger:

» os agentes;
» as instalações;
» as áreas;
» as comunicações;
» os documentos;
» as atividades operacionais;
» as metodologias.

> **Perguntas & repostas**
>
> As técnicas de contrainteligência são essenciais para que uma instituição, pública ou privada, se defenda e resguarde seus interesses. Por meio delas, é possível garantir a proteção de dados sensíveis. Nesse sentido, em que consistem a decepção, a desinformação e a falsa informação, que são algumas das principais técnicas de contrainteligência utilizadas no Brasil e no mundo para resguardar os direitos dos cidadãos e do Estado?
>
> A decepção consiste em um modo de induzir o adversário a ter impressões erradas por meio de ações orientadas e controladas. A desinformação é fruto da atitude ativa de um indivíduo que elabora um objetivo e um modo de atingi-lo por meio da concessão de dados falsos. A falsa informação constitui-se em entendimentos falsos, fundamentados em componentes confusos, obtidos pelos infiltrados em pesquisas por meio de passos falsos ou de erros próprios.

4.2.4 PNPC: tecnologias e técnicas*

A contrainteligência apresenta algumas relações com a TI que são essenciais para assegurar a proteção dos conhecimentos sensíveis. É aí que entra o PNPC, criado pela Abin, órgão voltado à proteção de tais informações. Esse programa atua de modo integrado para identificar os conhecimentos sensíveis a serem protegidos, bem como os meios de transmissão, armazenamento, suporte e produção dos dados necessários, além das

---

* Parte desta seção foi elaborada com base em Brasil (2021).

ameaças potenciais e reais ao conhecimento que a instituição detém. Existem três fases para a implementação do programa (dos quais voltaremos a tratar com mais detalhes na sequência), descritas no Quadro 4.3.

Quadro 4.3 – Fases de implementação do PNPC

Conscientização	Aponta-se a relevância dos conhecimentos sensíveis para as instituições e seus colaboradores e indicam-se boas práticas para assegurar sua proteção.
Avaliação de riscos	Indicam-se os conhecimentos a serem resguardados, identificando-os e estratificando seus níveis de ameaça em questões como sinistro, sabotagem, vazamento e espionagem. Atua-se nos sistemas de proteção de forma a levantar possíveis vulnerabilidades para apontar recomendações de controles de segurança, procedimentos e medidas corretivas que são previamente documentadas em um Relatório de Avaliação de Riscos.
Monitoramento	Acompanha-se a execução de atividades conjuntas na realização do programa. Nesse momento, a Abin atua dando assessoramento e suporte na implementação de medidas de segurança associadas com os conhecimentos sensíveis da organização, desde o processo de normatização (criação das políticas) até a classificação dos documentos.

A metodologia ligada à proteção de conhecimento criada pela Abin é pautada em técnicas, normas e na legislação brasileira, englobando quatro esferas de proteção (que serão retomadas na sequência), indicadas no Quadro 4.4.

Quadro 4.4 – Esferas de proteção da Abin

Proteção física	Medidas relacionadas à proteção do ambiente em que são armazenados, custodiados, tratados e gerados materiais, dados, informações e conhecimentos sigilosos.
Proteção na gestão de pessoas	Ações voltadas a dificultar o ingresso de pessoas com perfil incompatível com os padrões mínimos de segurança requeridos pela organização. Visa implementar atividades ligadas à garantia de padrões comportamentais éticos e profissionais recomendáveis para garantir a segurança dos conhecimentos sensíveis.
Proteção de documentos	Medidas relacionadas à proteção do descarte, do armazenamento, da difusão, do trânsito e do manuseio de documentos sigilosos, assim como sua adaptação às normas e leis que regem as tarefas das organizações.
Proteção dos sistemas de informação	Medidas destinadas a assegurar o funcionamento de toda a rede tecnológica de suporte à comunicação, ao armazenamento e ao acesso de informações, dados e conhecimentos sensíveis.

É importante ressaltar que o PNPC tem como principais objetivos:

» assegurar a integração de empresas nacionais que têm a propriedade dos conhecimentos sensíveis com os órgãos estatais;
» criar medidas ligadas à proteção dos conhecimentos sensíveis para dar suporte ao seu processo de implementação;
» estimular o desenvolvimento da cultura protetiva do conhecimento sensível, especialmente o conhecimento tradicional ligado à biodiversidade;
» conscientizar os proprietários do conhecimento sensível brasileiro acerca das possíveis ameaças que podem atingi-los.

Além dos objetivos mencionados anteriormente, o PNPC proporciona inúmeras vantagens indiretas para as empresas que impactam o processo de gerenciamento da informação sensível. Tal melhoria pode ser estendida ao processo de gestão de conhecimentos e de dados não sensíveis, culminando no aperfeiçoamento de todo o fluxo produtivo. Vale ressaltar que o PNPC também é aplicável às empresas de segurança privada, que devem atuar para seguir as diretrizes contidas nesse documento.

Exercício resolvido

O Programa Nacional de Proteção do Conhecimento Sensível (PNPC) foi criado pela Abin, tendo grande relevância para as atividades de contrainteligência no Brasil. Por meio desse componente, é possível proteger dados sensíveis, bem como identificá-los a fim de resguardar os interesses do Estado e da sociedade. A implementação do PNPC consiste em três fases. Quais são elas?

a. Conscientização, avaliação de riscos e análise de vulnerabilidade.

b. Proteção de conhecimentos, desenvolvimento da cultura de proteção e conscientização.

c. Conscientização, avaliação de riscos e monitoramento.

d. Integração tecnológica, integração organizacional e integração comunicacional.

Gabarito: c

> ***Feedback* do exercício em geral**: Na conscientização, indica-se a relevância dos conhecimentos sensíveis para as instituições e seus colaboradores, sendo propostas boas práticas para assegurar sua proteção. Na avaliação de riscos, apontam-se os conhecimentos a serem resguardados, identificando-os e indicando níveis de ameaça em questões como sinistro, sabotagem, vazamento e espionagem (levantam-se possíveis vulnerabilidades para apresentar recomendações de controles de segurança, procedimentos e medidas corretivas previamente documentadas). No monitoramento, visa-se acompanhar a execução de atividades conjuntas na realização do programa. Nesse momento, a Abin atua dando assessoramento e suporte na implementação de medidas de segurança associadas aos conhecimentos sensíveis da organização, desde o processo de normatização (criação das políticas) até a classificação dos documentos.

Nesse contexto, destacamos a importância da integração estratégica por meio da GIC. Esse instrumento tem estreita relação com as questões integrativas e estratégicas no processo de gerenciamento do conhecimento e das informações com a inteligência. A integração da inteligência, do conhecimento, da informação e da estratégia corresponde à junção do fluxo de dados com organizações, sistemas, processos e produtos, o que faz com que as abordagens sistêmicas, organizacionais, metodológicas, econômicas e humanas se relacionem em uma visão integrada da GIC para gerar mais conhecimento, de modo a fortalecer a inteligência e melhorar os processos de tomada de decisão.

Na esfera da ciência da informação, com a integração dos sistemas e da inteligência, é viável, com recursos informacionais e sistemas, desenvolver objetivos bem fundamentados que atuam como base para a tomada de decisões estratégicas. Isso significa que o indivíduo responsável por tomar determinada decisão é um ser social dotado de cultura própria e que desenvolve o conhecimento, interpretando os dados acerca do ambiente para dar significado às atividades executadas.

Tal dinâmica resulta na criação de novos conhecimentos devidamente associados com as experiências dos colaboradores que buscam inovar e aprender de modo contínuo. Dessa forma, desenvolvem-se maneiras de estabelecer estratégias de inteligência e contrainteligência, um processo longo de gerenciamento de conhecimento e de dados, criando-se, assim, um sistema útil para as instituições, para sua visão de futuro e para sua cultura organizacional.

> **Importante!**
>
> A integração estratégica da GIC é apontada como a relação existente entre a inteligência e a ciência da informação em razão de seu caráter integrativo e estratégico, responsável por gerar conhecimento. Com isso, várias técnicas ligadas a diversos campos são integradas por meio do Departamento de Integração (Disbin), que é o órgão do Sistema Brasileiro de Inteligência (Sisbin), que compõe a Abin. Vale mencionar que a agência é o ponto central para a análise e obtenção de dados relevantes para gerar mais conhecimentos de inteligência. Por meio dela, executa-se e planeja-se a proteção dos dados sensíveis após o processo de implantação do PNPC.

O cumprimento da premissa do PNPC de fomentar a comunicação entre empresas nacionais proprietárias dos conhecimentos sensíveis e órgãos governamentais demanda a observação de alguns pontos. Entre eles está novamente a GIC, que considera questões sistêmicas, organizacionais, metodológicas, econômicas e humanas para promover a integração estratégica de sistemas, organizações, processos e produtos associados ao nível de conhecimento em que se está inserido. As abordagens da GIC, relacionadas com as atividades de inteligência e de contrainteligência, quando apresentam uma visão integrativa, visam contribuir para a implementação do PNPC em três fases, englobando medidas protetivas em seus segmentos.

Na fase de **sensibilização**, são criadas medidas de conscientização referentes à relevância de conhecimentos sensíveis para todas as instituições, de modo que os colaboradores entendam que a implementação de processos de gestão de conhecimento e de informações eficientes nas empresas tende a otimizar o fluxo produtivo.

Na **avaliação de riscos**, é realizado o diagnóstico acerca das vulnerabilidades da instituição e dos conhecimentos a serem protegidos, considerando-se que iniciativas integrativas e estratégicas voltadas ao gerenciamento do conhecimento e da informação contribuem para dinamizar questões associadas:

» à integração tecnológica;
» à integração organizacional;
» à integração por processos;
» à integração institucional;
» à integração comunicacional.

Todo esse processo é realizado para preservar a segurança da empresa e diminuir possíveis ameaças. Nesse contexto, é desenvolvida a avaliação dos sistemas de proteção para apontar vulnerabilidades por meio de medidas corretivas atuantes em quatro segmentos:

1. **Proteção física:** é aplicada para a compreensão dos sistemas, dos processos e dos produtos da organização em que se está inserido para propiciar a integração de componentes estratégicos tecnológicos, de conhecimento e de informações de modo a assegurar vantagens competitivas e salvaguardar ativos.
2. **Proteção no gerenciamento de recursos humanos:** permite fortalecer os componentes humanos por meio da integração, que contém elementos ligados à aprendizagem, ao compartilhamento, à cultura, ao comportamento e à competência organizacional. Associando-se esse componente a uma abordagem financeira e econômica, é possível integrar empresas tendo em vista os ativos intangíveis, o capital intelectual e a propriedade intelectual a serem resguardados.
3. **Proteção dos documentos:** permite compreender possíveis ameaças existentes no fluxo produtivo pelo entendimento da inteligência, contribuindo para a integração tecnológica pautada na conexão dos processos por meio do gerenciamento eletrônico dos documentos sensíveis.
4. **Proteção dos sistemas informacionais:** quando associada à abordagem tecnológica, metodológica e humana, busca contribuir para garantir a integração da instituição, dos processos, da comunicação e da segurança de dados a fim de promover a melhoria das atividades que dão suporte para a alta gestão.

Por fim, no **acompanhamento** ocorrem o monitoramento e a avaliação da realização dos programas. A integração estratégica do processo de gerenciamento do conhecimento e da informação pode dar origem a iniciativas voltadas à classificação de dados e à normatização de documentos sensíveis pautados no monitoramento dinâmico e contínuo do ambiente e da empresa.

Isso é imprescindível para garantir o alinhamento estratégico, que tem como objetivo atingir a vantagem competitiva e controlar as abordagens da GIC, o que se alcança por meio de indicadores de desempenho.

Desse modo, a implementação do PNPC viabiliza o correto dimensionamento das necessidades das empresas para que os benefícios indiretos e diretos de possíveis melhorias sejam obtidos. Tais melhorias são alcançadas por meio do processo de gerenciamento dos dados sensíveis que são desenvolvidos de modo semelhante aos conhecimentos não sensíveis e ao gerenciamento de dados, culminando na melhoria contínua do fluxo produtivo.

Importante!

Existe ainda no PNPC o monitoramento do ambiente informacional, que é caracterizado pelas questões científicas, técnicas e econômicas do gerenciamento do conhecimento e da informação com as atividades de inteligência. Ao se monitorar o ambiente informacional e associá-lo às atividades de contrainteligência, consegue-se desenvolver uma série de ações para proteger, difundir, tratar e buscar dados estratégicos que atuam como suporte para a tomada de decisão nos mais variados agentes em esferas governamentais e empresariais. A integração das medidas visa obstruir e prevenir possíveis ameaças relacionadas com a proteção de:

» conhecimento;
» material;
» instalações;

> » áreas;
> » recursos humanos.
>
> De acordo com Silva (2015, p. 38-39),
>
> *Torna-se essencial o compromisso de que as empresas de segurança privada e as instituições de segurança pública procurem efetivar as diretrizes constantes no PNSP [Plano Nacional de Segurança Pública]. Dentre elas, a necessidade de criar mecanismos legais e transparentes de colaboração entre os dois tipos de instituições, como parte de programas integrados de controle da criminalidade. Nesse processo de integração é importante a criação de canais de comunicação como rádios, telefones e alarmes conectados a unidades policiais.*
>
> *Com o objetivo de aumentar a eficiência de seus serviços, muitas empresas de segurança privada estão firmando parcerias com instituições de segurança pública, seja na troca de informações, seja em ações conjuntas, nas quais a integração é crucial para a atividade de segurança.*
>
> *A vigilância eletrônica em bancos com alarmes interligados a centrais de emergência de organizações de segurança pública também são uma realidade cada vez mais presente no cotidiano das referidas instituições.*

Portanto, a contrainteligência engloba o PNPC, uma vez que se refere a medidas que buscam preservar a segurança de conhecimentos estratégicos, sigilosos e sensíveis. Mesmo assim, é preciso que haja a troca de informações a fim de garantir a inovação do ponto de vista econômico das nações. Isso implica que as iniciativas voltadas à proteção de conhecimento tenham como foco a cultura protetiva de modo a estimular a inovação.

Assim como na integração estratégica da GIC, o monitoramento do ambiente informacional pode ser desenvolvido em três etapas. Na **sensibilização**, criam-se tarefas de conscientização acerca da relevância dos conhecimentos sensíveis. É indispensável compreender a relevância desse tema para o desenvolvimento do fluxo produtivo e do gerenciamento de conhecimentos, que são ligados às seguintes questões:

» mercadológicas;
» fiscais;
» financeiras;
» tecnológicas.

No processo de **avaliação de riscos**, realizam-se diagnósticos acerca das instituições parceiras sobre os conhecimentos a serem protegidos e as vulnerabilidades. Por isso, para monitorar o ambiente da informação, é preciso trabalhar de modo interligado com o gerenciamento de conhecimentos tecnológicos e científicos e o gerenciamento de dados sensíveis da organização a fim de aprimorá-la por meio:

» da obtenção de dados tecnológicos e científicos sensíveis do fluxo produtivo em que a instituição se encontra, que é apoiado pelo sistema de inteligência, responsável por gerar conhecimentos necessários para suportar o processo de tomada de decisão;
» da obtenção de dados financeiros ligados ao ambiente micro e macroeconômico do setor em que a organização se encontra, fundamentado nos sistemas de inteligência financeira que geram informações para fortalecer os processos de tomada de decisão;

» da obtenção de dados fiscais associados com o ambiente micro e macroeconômico do ramo em que a empresa se encontra, que é fundamentado em questões ligadas à área fiscal e que gera dados para apoiar a tomada de decisão;
» da obtenção de dados mercadológicos associados com os ambientes micro e macroeconômicos em que a empresa está inserida e devidamente compreendidos pela inteligência competitiva; com isso, estimulam-se o desenvolvimento competitivo e a obtenção de vantagens para se destacar no ramo de atuação.

> **Para saber mais**
>
> A contraespionagem é um tema importante para as organizações. Esse elemento trabalha de maneira integrada com a inteligência e se utiliza de diversas técnicas para assegurar os interesses da sociedade e do Estado. Por meio desse instrumento, promove-se a proteção de dados sensíveis, o que é indispensável para o desenvolvimento das nações. Para saber mais sobre o tema, leia o seguinte artigo:
>
> BALUÉ, I. G.; NASCIMENTO, M. S. O. do. Proteção do conhecimento: uma questão de contrainteligência de Estado. In: ENCONTRO NACIONAL DE ESTUDOS ESTRATÉGICOS, 7., 2007, Brasília, DF. **Anais**... Brasília, DF: Gabinete de Segurança Institucional da Presidência da República, 2007.

Por fim, a fase de **acompanhamento** visa avaliar e acompanhar a realização dos programas em que se monitoram e acompanham os dados da organização, bem como sua integração com as estratégias desenvolvidas pela GIC, os documentos sensíveis, a classificação das informações e as iniciativas para a normatização dos processos. Esses elementos atuam de modo a assegurar a eficiência do processo de gerenciamento de conhecimentos sensíveis tecnológicos. Assim, assegura-se que os proprietários dos conhecimentos e do suporte físico que os integra, os locais e os meios que os veiculam, as áreas de instalações, os meios de tecnologia da informação, os materiais, os documentos e as pessoas sejam salvaguardados.

Síntese

As atividades de contrainteligência são ações preventivas relacionadas ao processo de gerenciamento da informação e do conhecimento para a proteção de dados sensíveis da sociedades e dos Estados.

Os dados ou conhecimentos sensíveis são quaisquer informações que apresentam caráter sigiloso ou estratégico. Nesse caso, o acesso não autorizado a esses elementos pode culminar em prejuízos ao cumprimento dos objetivos organizacionais e estatais.

A contrainteligência tem como principal objetivo criar medidas voltadas à proteção de infraestruturas críticas, dados, conhecimentos e outros ativos sigilosos e sensíveis que são de interesse direto da sociedade ou do Estado.

Para que a contrainteligência seja colocada em prática, é necessário desenvolver atividades voltadas à neutralização, à obstrução e à detecção para a realização de tarefas direcionadas à eliminação de possíveis ameaças.

Há inúmeros desafios para a proteção de dados sensíveis; o principal deles diz respeito à criação de uma cultura diretamente ligada à proteção de dados, conhecimentos e informações sensíveis.

Existem algumas técnicas de contrainteligência, sendo as principais a falsa informação, a desinformação e a decepção. A falsa informação consiste na ignorância ou no erro; a desinformação está relacionada à malícia; a decepção é usualmente observada no campo defensivo da inteligência.

O PNPC foi criado pela Abin, tendo como principal objetivo proteger o conhecimento sensível no Brasil. A implementação desse recurso é feita em três fases: a conscientização, a avaliação de riscos e o monitoramento.

V

Falsificação e alteração de documentos

Conteúdos do capítulo:

» Falsificação e alteração de documentos.
» Falsidade ideológica.
» Particularidades da falsificação e da alteração de documentos.
» Inteligência criminal.

Após o estudo deste capítulo, você será capaz de:

1. analisar os conceitos ligados à falsidade ideológica;
2. diferenciar falsidade ideológica de falsidade material;
3. elencar os principais documentos falsificados;
4. diferenciar um documento pessoal de um documento público;
5. reconhecer as particularidades da falsificação e da alteração de documentos;
6. definir os principais conceitos relacionados à inteligência criminal.

A falsificação e a adulteração de documentos são práticas consideradas crimes e podem ocorrer de duas maneiras distintas: 1) de documentos públicos; 2) de documentos particulares. Esses crimes são previstos pelo Código Penal (Decreto-Lei n. 2.848, de 7 de dezembro de 1940) nos arts. 297 e 298, que estabelecem multa e detenção, a qual pode variar de 1 a 5 anos para quem os comete (Brasil, 1940). É preciso mencionar que nem todo ato dessa natureza constitui crime, sendo necessária a constatação da intenção de lesar o próximo.

> **O que é**
>
> Um conceito importante neste capítulo é o de **inteligência criminal**, que consiste no desenvolvimento de uma série de ações coordenadas e planejadas para coibir a ação de criminosos. Tais medidas fornecem suporte para os processos de tomada de decisão, especialmente no caso da realização de missões em campo. Trata-se de um instrumento indispensável para assegurar a garantia do poder do Estado e dos cidadãos ao mesmo tempo que se preserva a segurança dos agentes que realizam as atividades de combate ao crime.

5.1 Falsificação e alteração

Antes de tratarmos da falsificação e da alteração de documentos, é importante discutirmos brevemente sobre a **falsidade ideológica**, que é o crime cometido por quem realiza as atividades anteriormente citadas. Depois de tratarmos desse tema, abordaremos a falsificação e a alteração de documentos considerando os aspectos legais que regem o assunto.

Esse tema está diretamente associado à segurança privada, uma vez que os profissionais que atuam na área, mesmo que não tenham competência legal para prender contraventores, devem ter capacitação técnica e percepção para identificar a ocorrência de um crime. Nesses casos, quando suspeitam de um ato ilícito, os agentes de segurança privada devem atuar de forma preventiva e, ao mesmo tempo, comunicar a situação às autoridades competentes, que deverão tomar as medidas legais cabíveis.

Para que os profissionais possam realizar esses procedimentos essenciais, eles devem obrigatoriamente dominar a conceituação desses crimes, suas características, entre outros aspectos; caso contrário, esforços financeiros e tempo serão despendidos à toa. Normalmente, os criminosos apresentam alguma especificidade notável para os agentes, tais como o nervosismo, a falta de nexo nas ideias, entre outras atitudes que permitem a identificação de uma ocorrência de crime ou não.

Importante!

Cabe mencionar que a segurança privada pode auxiliar as polícias em atividades de monitoramento de crimes, colocadas em prática por meio de ferramentas desenvolvidas nessa esfera. Nesse contexto, também são aplicadas medidas de inteligência e contrainteligência para coibir a ação de criminosos, resguardando-se, assim, os interesses das organizações (tanto as de direito público quanto as de direito privado).

5.1.1 Falsidade ideológica

A falsidade ideológica consiste em uma série de condutas indiscriminadas caracterizadas pela inserção (por meio de terceiros) ou pela omissão (quando o indivíduo se cala diante de uma declaração obrigatória), bem como por declarações falsas (que não equivalem à verdade) ou diversas (que poderiam ser verdadeiras em documentos públicos ou particulares).

Configura crime a omissão de quaisquer declarações que deveriam estar inseridas em documentos públicos ou particulares, bem como a inserção de declarações falsas ou diversas daquilo que deveria ser escrito. Isso ocorre principalmente quando se quer modificar a verdade, criar uma obrigação ou prejudicar um direito. Esse tipo de atividade pode resultar em reclusão para quem o pratica – o tempo de penalidade varia de 1 a 3 anos no caso de documentos particulares e de 1 a 5 anos no caso de documentos públicos. Além disso, o agente está sujeito a multa e, se for funcionário público, a pena pode ser ainda mais agravada, além de haver o risco de perda do cargo.

> **Consultando a legislação**
>
> O Código Penal, em seu art. 299, aponta que a falsidade ideológica, realizada de modo intencional ou não, é crime, devendo o agente estar atento a isso. No caso de funcionários públicos, o crime é ainda mais grave, pois esse indivíduo pode fazê-lo utilizando-se de seu cargo, o que entra em conflito com os interesses da nação e do Estado.

O falso ideológico, outra denominação usada em referência à falsidade ideológica, consiste em um documento formalmente perfeito, mas que contém informações falsas. Conforme Silva e Rocha (2011, p. 10),

Sem necessidade de muita sofisticação, é possível usar as operações de pós-processamento supracitadas como um instrumento malicioso na criação de imagens e vídeos que correspondam a situações inverossímeis. Se um indivíduo mal-intencionado desenvolvesse, por exemplo, uma composição de imagens na qual um suspeito aparecesse na cena de um crime, a fotografia em questão poderia ser considerada como prova cabal, numa corte de justiça, de que tal suspeito teve participação no ato criminoso.

A falsificação de imagens tem sido presente em diversos meios tais como ciência, jornalismo, política, marketing etc. [...]. Além disso, adulterações ilícitas comprometem a interpretação de evidências e laudos médicos: a imagem de um corpo pode ser digitalmente modificada com a finalidade de dificultar sua análise ou de exercer alguma influência no resultado dos exames.

Esse evento recai novamente sobre a fé pública, especialmente no caso de indivíduos que colocam a confiança na deposição de informações em documentos particulares e públicos. Nessa situação, o documento é verídico no que se refere à sua exteriorização ou à sua forma, porém, por causa da conduta do agente, o documento passa a ser falso justamente por não transmitir a verdade sobre os fatos. Existe ainda a questão da **falácia**, que é a omissão de fatos ou a atestação mendaz ou a manifestação das vontades em documentos considerados verdadeiros formalmente.

O tipo penal requer que haja dolo específico no que tange aos direitos: alterar a verdade ou criar obrigação (independente da natureza) sobre qualquer fato que tem importância jurídica. O fato de haver a exigência de intenção explícita é o que configura o elemento do tipo próprio penal, e as denúncias de prática de falsidade ideológica devem mencionar de modo obrigatório a finalidade do agente. Quando isso não ocorre, observa-se a pena de inépcia. Outro ponto que merece atenção é que o erro acerca do fato da verdade dos dados elimina o dolo.

Os sujeitos do delito podem ser, inicialmente, quaisquer indivíduos. Caso o criminoso seja um funcionário público que usa como vantagem seu cargo ou, ainda, quando a falsificação ou a alteração for do registro civil, há a elevação da pena (aumento da pena na sexta parte). Nos casos de documentos públicos, existe, como explicamos anteriormente, a falsidade ideológica, que ocorre quando o particular pratica o falso ideológico nos documentos públicos, quando circunstâncias são omitidas ou declarações inverídicas são efetuadas. Porém, o funcionário público sabe disso e corrobora a prática, configurando, assim, a falsidade imediata. É importante afirmar que qualquer pessoa pode atuar como sujeito ativo nesse crime, mas sua elaboração pode se dar por qualquer um que tenha como principal atribuição pública fazê-lo como um oficial ou funcionário público, que é considerado como sujeito ativo.

> ## O que é
>
> As falsificações se dividem em imediatas e mediatas. A **falsidade imediata** é aquela que se observa quando o agente profere declaração diversa ou falsa ou, ainda, quando omite alguma declaração que precisaria ser apresentada. Já a **falsidade mediata** é aquela que se estabelece quando o sujeito insere declaração diversa ou falsa por meio de um terceiro.

Nesse contexto, a denominada *adoção à brasileira* não configura crime por se relacionar com uma conduta que está prevista no art. 242 do Código Penal. Da mesma maneira, a inscrição de nascimento inexistente, que se enquadra no crime previsto no art. 241 do Código Penal, não pode ser considerada falsidade ideológica. Entretanto, quando o registro executado pelo varão, que é filho incestuoso, tende a resultar em tipificação falsa no nome da mulher, por exemplo, ocorre a exclusão do dolo caso o agente acredite que é inviável registrar o sujeito no nome da própria filha ou em seu nome.

De acordo com o Código Penal (Brasil, 1940),

> *Art. 299. Omitir, em documento público ou particular, declaração que dele devia constar, ou nele inserir ou fazer inserir declaração falsa ou diversa da que devia ser escrita, com o fim de prejudicar direito, criar obrigação ou alterar a verdade sobre fato juridicamente relevante:*
>
> *Pena – reclusão, de um a cinco anos, e multa, se o documento é público, e reclusão de um a três anos, e multa, de quinhentos mil réis a cinco contos de réis, se o documento é particular.*
>
> *Parágrafo único. Se o agente é funcionário público, e comete o crime prevalecendo-se do cargo, ou se a falsificação ou alteração é de assentamento de registro civil, aumenta-se a pena de sexta parte.*

Para que a falsidade ideológica seja considerada crime, é importante que haja, no mínimo, potencialidade em lesar no que se refere ao fim específico de prejudicar, alterar a verdade, criar obrigação ou prejudicar o direito acerca de um fato que é relevante do ponto de vista jurídico. Isso implica que apenas a intenção já configura crime, mesmo não havendo prejuízos efetivos. Posto isso, o crime de falsidade ideológica pode ser cometido de duas maneiras:

1. **omissiva**, em que se deixa de inserir ou declarar algo em documento;
2. **comissiva**, na qual se insere ou se faz inserir uma declaração falsa ou diversa da que deveria ser escrita, mesmo que verdadeira, porém irrelevante ou impertinente.

No que se refere à prescrição, esta começa a valer somente quando a autoridade pública passa a conhecer o fato. Tratando-se de falso material, quanto às folhas em branco, caso estas sejam entregues para que o indivíduo as preencha e se tenha o diverso, caracteriza-se o falso ideológico. Por sua vez, quando há a subtração ou qualquer outra forma ilícita de obtenção dos dados, configura-se o falso material. Em mandatos, no caso de os poderes já terem sido revogados, mesmo que o material original tenha sido entregue para os agentes, há o falso material a partir do momento em que há o preenchimento inadequado do documento.

Exercício resolvido

A falsidade ideológica é um crime que pode ser praticado por um agente público ou particulares que fazem declarações falsas ou omitem dados acerca de determinado tema. Esse ilícito pode resultar em inúmeros prejuízos para quem o comete, como multa e reclusão, e pode ser cometido de dois modos distintos, quais sejam:

a. comissiva e omissiva.
b. permissiva e comissiva.
c. comissiva e participativa.
d. participativa e permissiva.

Gabarito: a

> ***Feedback* do exercício em geral:** Para que a falsidade ideológica seja considerada crime, é importante que exista, no mínimo, potencialidade em lesar, ou seja, haver a intenção expressa de prejudicar, alterar a verdade, criar obrigação ou prejudicar o direito acerca de um fato que é relevante do ponto de vista jurídico. Isso implica que a mera intenção já configura crime, mesmo não causando prejuízos efetivos. Posto isso, o crime pode ser cometido de maneiras distintas: omissiva, em que se deixa de inserir ou declarar algo no documento, e comissiva, em que se insere ou se faz inserir declaração falsa ou diversa da que deveria ser escrita, mesmo que verdadeira, porém irrelevante ou impertinente.

5.2 Particularidades da falsificação e da alteração de documentos

A falsificação de documentos é um evento que pode incidir sobre dois elementos: os documentos públicos e os documentos particulares, ambos contemplados pelo Código Penal nos arts. 297 e 298, respectivamente.

Quanto à falsificação de documentos públicos, o Código Penal estabelece:

> *Falsificação de documento público*
>
> Art. 297. *Falsificar, no todo ou em parte, documento público, ou alterar documento público verdadeiro:*
>
> *Pena – reclusão, de dois a seis anos, e multa.*

§ 1º Se o agente é funcionário público, e comete o crime prevalecendo-se do cargo, aumenta-se a pena de sexta parte.

§ 2º Para os efeitos penais, equiparam-se a documento público o emanado de entidade paraestatal, o título ao portador ou transmissível por endosso, as ações de sociedade comercial, os livros mercantis e o testamento particular.

§ 3º Nas mesmas penas incorre quem insere ou faz inserir: (Incluído pela Lei nº 9.983, de 2000)

I – na folha de pagamento ou em documento de informações que seja destinado a fazer prova perante a previdência social, pessoa que não possua a qualidade de segurado obrigatório; (Incluído pela Lei nº 9.983, de 2000)

II – na Carteira de Trabalho e Previdência Social do empregado ou em documento que deva produzir efeito perante a previdência social, declaração falsa ou diversa da que deveria ter sido escrita; (Incluído pela Lei nº 9.983, de 2000)

III – em documento contábil ou em qualquer outro documento relacionado com as obrigações da empresa perante a previdência social, declaração falsa ou diversa da que deveria ter constado. (Incluído pela Lei nº 9.983, de 2000)

§ 4º Nas mesmas penas incorre quem omite, nos documentos mencionados no § 3o, nome do segurado e seus dados pessoais, a remuneração, a vigência do contrato de trabalho ou de prestação de serviços. (Incluído pela Lei nº 9.983, de 2000) (Brasil, 1940)

No que se refere à falsificação de documentos particulares, o diploma legal anteriormente citado determina:

Falsificação de documento particular (Redação dada pela Lei nº 12.737, de 2012)

Art. 298. *Falsificar, no todo ou em parte, documento particular ou alterar documento particular verdadeiro:*

Pena – reclusão, de um a cinco anos, e multa.

Falsificação de cartão (Incluído pela Lei nº 12.737, de 2012)

Parágrafo único. Para fins do disposto no caput, equipara-se a documento particular o cartão de crédito ou débito. (Incluído pela Lei nº 12.737, de 2012) (Brasil, 1940)

O que é

Nesse contexto, é importante conceituar *documento*. Trata-se de um objeto idôneo que pode atuar como prova considerando-se o que está escrito, podendo ser um fragmento de papel, entre outros elementos. Por meio desse instrumento, materializa-se o pensamento do ser humano no que se refere a campos como relações estatais, ciências e artes. Além disso, o documento pode ser considerado uma peça escrita na qual se expressa de modo gráfico o pensamento de um sujeito, fornecendo bases para executar um ato ou prover um fato, apresentando importância e significação do ponto de vista jurídico.

Ao se tratar de falsificação de documentos, é importante que a lei proteja a fé pública associada à confiabilidade de informações contidas em documentos de qualquer espécie que ocorre em virtude de sua condição intrínseca. A razão disso é que esses objetos apresentam os hábitos e as necessidades da vida social e não a denominada *função pública*, que consiste na base da objetividade do ponto de vista jurídico de crimes de falsidade em documentos. Vale mencionar que, no Código Penal brasileiro, tanto documentos particulares como públicos são contemplados pela tutela de fé pública. Isso significa que os documentos particulares e os públicos devem merecer a confiabilidade indispensável que é necessária para que suas finalidades sejam cumpridas.

O Código Penal faz algumas referências a determinados documentos públicos, tratando-os em separado, devendo-se observar que alterar, fabricar ou falsificar esses objetos constitui crime. Um elemento que se enquadra em tal classificação são os selos que visam autenticar atos oficiais (municipais, estaduais ou do país) e os sinais ou selos concedidos legalmente a autoridades, tabeliões ou entidades de direito público. Quem pratica o referido crime com relação a tal classe de documentos está sujeito a multa e reclusão, que pode variar de 2 a 6 anos.

Essa pena também é igual em casos de pessoas que utilizam, falsificam ou alteram siglas, logotipos, marcas e demais símbolos e identificadores empregados por entidades ou órgãos vinculados à Administração Pública. Quem utiliza o sinal ou o selo falsificado ou, ainda, quem usa de maneira indevida um sinal verdadeiro para prejudicar o próximo também está sujeito à pena citada no caso anterior. Um exemplo muito comum é a **falsificação de dinheiro**, que causa inúmeros prejuízos para as pessoas.

Ao se detectar o interesse alcançado pela falsidade, mesmo que esta não seja grosseira, desde que visada pelo delinquente e capaz de afetar os serviços do Estado ou dos atingidos, passa-se a ter um processo que é de responsabilidade da Justiça Federal. A alteração e a falsificação de certos documentos, como citado anteriormente, requerem a intervenção de órgãos específicos. A seguir, no Quadro 5.1, apresentamos alguns documentos comumente falsificados.

Quadro 5.1 – Esferas de competência do Judiciário nos casos de falsificação

Documentos com finalidade eleitoral	Nesse caso, quem atua é a Justiça Eleitoral.
Documentos de matrícula	Em situações em que sua utilização ocorre somente em um órgão federal ou em uma instituição de ensino, a competência de atuação é federal; caso contrário, a competência é da Justiça Estadual.
Cadastro de Pessoas Físicas (CPF)	É de competência federal.
Carteiras de trabalho	Caso a falsificação ocorra em razão de campos que foram preenchidos por um funcionário federal, a Justiça Federal é quem atua. Quando a falsificação se relaciona com algumas manifestações do Estado, a Justiça Estadual é que intervém, exceto quando o indivíduo usa os dados para conseguir benefícios federais (nesse caso, a competência é da Justiça Estadual e da Justiça Federal).
Documentações que, mesmo sendo estaduais, são empregadas por um órgão federal	São da esfera da Justiça Federal.
Carteira de habilitação	É a Justiça Estadual que atua para punir os indivíduos.
Carteiras de entidades profissionais, como Ordem dos Advogados do Brasil (OAB), Conselho Regional de Engenharia e Agronomia (Crea), entre outras	São consideradas documentos públicos; nesse caso, é a Justiça Federal que intervém caso ocorra algum crime.

O crime de falsificação de documentos particulares é devidamente tipificado no art. 298 do Código Penal. A pena é a reclusão de 1 a 5 anos, bem como multa, para quem executa a falsificação ou altera de modo parcial ou completo um documento, sendo caracterizada a falsidade material. É interessante destacar que a diferença nos delitos apontados nos arts. 297 e 298 do Código Penal se refere exclusivamente ao objeto material.

> **Importante!**
>
> Tanto o objeto público como o particular consistem em objetos de tutela, uma vez que dizem respeito a interesses sociais na realidade e na segurança de atos e símbolos que integram as relações privadas. Nesse sentido, o Estado estabelece inúmeros requisitos e formalidades voltados ao ordenamento de relações privadas, à sua manutenção ou à sua manifestação. Há ainda a exigência da confiabilidade e da veracidade da manifestação da vontade corporificada em determinado documento que tem a capacidade de gerar efeitos jurídicos, mesmo isso sendo restrito aos interesses, às atividades ou às relações entre os indivíduos.

O Código Penal, mais especificamente em seu art. 298, trata do ato de falsificar em parte ou por completo um documento particular, que diz respeito a um critério negativo, sendo tratado sob uma ótica de exclusão, que é a melhor definição para esse termo. Desse modo, *particular* consiste naquilo de que não se tem conhecimento, especialmente em se tratando de equiparação com o público. Essa dinâmica implica que os documentos particulares são aqueles elaborados por particulares e nos quais não ocorre a intervenção oficial em seu processo de expedição ou de constituição.

Há estudiosos segundo os quais o conceito de documento particular se relaciona com a **exclusão**, isto é, o documento não apresenta natureza pública, podendo ser substancialmente público ou formal, ou substancialmente privado, mas formalmente público. Existe ainda aquele que é considerado público por equiparação, o denominado *documento público*.

Podemos afirmar que, mesmo sendo emitido por um servidor público, o documento apresenta caráter particular quando é diferente daqueles que o funcionário tem a função de emitir cotidianamente. Portanto, o documento particular não se enquadra no art. 297 do Código Penal e não pode ser considerado como tal caso tenha sido elaborado por alguém ou algum funcionário que não apresente fé pública.

Do mesmo modo que a falsificação de documento particular implica considerar como bem jurídico a fé pública, há também a confiança que os sujeitos depositam nos documentos, que, nesse caso, são particulares. Assim, o documento particular pode ter quatro características, o que permite diferenciá-lo do público:

1. Observa-se a importância do ponto de vista jurídico, ou seja, é preciso que consequências referentes a questões jurídicas possam ser geradas. Desse modo, não são considerados documentos as manifestações da vontade, sem a devida importância jurídica, os que retratam fatos ou, ainda, os papéis sem validade.
2. É preciso que haja a exposição de um fato ou a manifestação da vontade. Dessa forma, assinar em um papel em branco não significa que se trata de um documento, assim como papéis com escritas sem sentido ou ininteligíveis também não são documentos.

3. Objeto escrito com um autor determinado e escrita sem a definição clara do responsável não caracteriza um documento.
4. Deve ser exclusivamente escrito, ou seja, gravações, pinturas, cópias de documentos não autenticadas, fotografias, entre outros recursos, não são denominadas *documentos*. Isso significa que a escrita precisa ser aposta em algo móvel.

Nesse sentido, Martins et al. (2019, p. 18563) fazem uma ponderação importante sobre a falsificação de documentos:

> *Isso levanta uma questão bastante pertinente sobre a falsificação de documentos por escrita exercida pelos falsificadores atualmente: a sociedade está alheia ao processo de identificação das condições destas, sem se dar conta que a identificação pode não ser exata ou certa sem o domínio da técnica de identificação, pior, a forma muitas vezes empregada faz com que as pessoas leigas se adéquem ao que os técnicos e especialistas dizem em identificação superficial no dia a dia da sociedade. Em suma, é preciso questioná-la, será que as técnicas periciais utilizadas em conjunto com toda a tecnologia avançada disponíveis nos dias atuais realmente está sendo empregado, o correto é encontrar meios de fazer a ciência através de este trabalho repassar o conhecimento e cultura sobre os hábitos da correta identificação, e não o contrário [sic].*

Portanto, a falsificação tem adquirido outra conotação na atualidade, especialmente na era digital: as técnicas de execução dessa atividade mudaram radicalmente. Por isso, as empresas precisam desenvolver metodologias para evitar que criminosos possam roubar e alterar seus dados, colocando sua integridade e a de seus clientes em risco.

> **Para saber mais**
>
> Como explicamos anteriormente, a falsificação de documentos é um crime previsto no Código Penal, especificamente nos arts. 297 e 298, que abordam a falsificação de documentos públicos e privados, diferenciando os dois casos e indicando as punições cabíveis. Para saber mais sobre esses crimes e a legislação no exterior sobre o tema, leia a seguinte dissertação:
>
> GUERREIRO, A. M. E. **Falsificação e contrafação de documentos**. A prova pericial: estudo exploratório nos Juízos Criminais do Porto. 110 f. Dissertação (Mestrado em Medicina Legal) – Universidade do Porto, Porto, 2019. Disponível em: <https://core.ac.uk/download/pdf/143392661.pdf>. Acesso em: 16 ago. 2022.

Ainda a respeito dos documentos, pode-se acrescentar que os particulares são aqueles em que não há um **formato** elaborado por intervenção oficial ou de quem atua no Poder Público. Além disso, há algumas hipóteses relacionadas com os documentos:

» Para efeitos penais, as cópias de documentos não autenticadas não são consideradas documentos.

» Os documentos datilografados ou impressos que não estiverem devidamente assinados não figuram como documentos, especialmente quando são particulares. Do ponto de vista legal, qualquer alteração ou modificação nesses objetos não configura delito.

» Os documentos particulares que não têm relevância jurídica não podem ser considerados objetos materiais de um crime no que se refere à sua validade, visto que seu conteúdo não tende a gerar consequências no campo jurídico.

» O documento ou instrumento público nulo devido à falta da observância de todos os requisitos legais tende a ser considerado instrumento ou documento particular. Com isso, quaisquer modificações ou falsificações nele tendem a ser um crime em exame e não a falsificação de um documento público.

» Os documentos ou instrumentos particulares com firma reconhecida não são transmutados em documentos públicos. Tendo isso em vista, quando a falsificação ocorre perante as anotações próprias de um agente público, observa-se o crime de falsificação de documentos públicos.

» Os documentos ou instrumentos particulares devidamente registrados no Cartório de Títulos e Documentos não são considerados documentos públicos, uma vez que foram constituídos sem que houvesse a intervenção do agente público. Isso significa que seu registro posterior no cartório visa torná-los públicos, como no caso de uma cessão ou locação de direitos de modo a surtir efeitos em terceiros.

Exercício resolvido

A falsificação de documentos pode se dar de vários modos, sendo comum a falsificação de documentos públicos e privados. Vale apontar que essa atividade ilícita está prevista no Código Penal nos arts. 297 e 298, que apresentam a punição para essa prática. Sobre a falsificação de documentos públicos no Brasil, assinale a alternativa correta:

a. Os documentos públicos têm importância do ponto de vista jurídico, ou seja, é preciso que gerem consequências nesse âmbito. Por isso, não são considerados documentos as manifestações da vontade sem a devida importância jurídica, os que retratam fatos ou ainda os papéis sem validade.
b. Em documentos públicos, é preciso que haja a exposição de um fato ou a manifestação da vontade. Desse modo, a assinatura em um papel em branco não significa que se trata de um documento, assim como papéis com escritas sem sentido ou ininteligíveis também não o são.
c. Os documentos ou instrumentos públicos com firma reconhecida não são transmutados em documentos públicos. Tendo isso em vista, quando a falsificação ocorre perante as anotações próprias de um agente público, observa-se o crime de falsificação dos documentos públicos.
d. Os documentos ou instrumentos particulares devidamente registrados no Cartório de Títulos e Documentos não são considerados documentos públicos, uma vez que foram constituídos sem que houvesse a intervenção do agente público.

Gabarito: d

***Feedback* do exercício em geral:** Os documentos particulares têm importância do ponto de vista jurídico, ou seja, é preciso que gerem consequências nesse âmbito. Por isso, não são considerados documentos as manifestações da vontade sem a devida importância jurídica, os que retratam fatos ou ainda os papéis sem validade. Em documentos particulares, é preciso que haja a exposição de um fato ou a manifestação da vontade. Desse modo, assinar em um papel em branco não significa que se trata de um documento, assim como papéis com escritas sem sentido ou ininteligíveis também não o são. Os documentos ou instrumentos particulares com firma reconhecida não são transmutados em documento público. Tendo isso em vista, quando a falsificação ocorre perante as anotações próprias de um agente público, observa-se o crime de falsificação de documentos públicos. Os documentos ou instrumentos particulares devidamente registrados no Cartório de Títulos e Documentos não são considerados documentos públicos, uma vez que foram constituídos sem que houvesse a intervenção do agente público.

Vale citar que a conduta típica não se diferencia da falsificação de documentos públicos prevista, da falsificação de documentos em parte (parcial) ou no todo (contrafação total) ou, ainda, da modificação do verdadeiro. Desse modo, o objeto material constitui-se documento particular, enquanto o tipo penal se ocupa do formato do documento, sendo o motivo que cuida da falsidade material. Aqui, é importante mencionar o que é falsidade material. De acordo com Menezes Júnior, Ferreira e Marques (2016, p. 50),

A falsidade material corresponde à modificação das características originais de um documento, ou seja, um certo documento que teve sua integridade deturpada. Existem diversas maneiras de se modificar um documento, alterando-o em parte ou todo ele, por meio de emendas, escritas, rasuras, ou técnicas mais atuais, como o escaneamento e modificação virtual do documento. Na falsidade material, o tocante é a forma do documento, uma vez que esta só poderá ser declarada falsa através de uma perícia documental.

Assim como há o delito no momento em que se falsifica o documento público, há a conduta incriminada de delito, que é contemplada no Código Penal em seu art. 297. De acordo com tal artigo, a conduta incriminada equivale ao *caput* existente no art. 298 em que se tem a falsificação em parte ou no todo ou a modificação de documento.

A diferença entre os crimes existentes no Código Penal, nos arquivos mencionados, é o **objeto material**, que, no caso do crime supracitado, é um documento particular. A infração nesse caso prevê a falsidade dita de natureza material, ou seja, aquela que atua na integridade física do que fora escrito, em que se busca deturpar as características originais por meio de rasuras ou emendas que acrescentam ou trocam algarismos ou, ainda, letras no texto. Portanto, a falsidade material consiste em modificações no documento verdadeiro ou então na construção do agente em razão da falsidade do documento, seja pela imaginação do falsário (p. ex.: criação de uma carta em particular), seja pela imitação do original (p. ex.: confecção de um diploma falso).

Vale apontar que os documentos não precisam ter uma formalidade especial, ou seja, podem ser feitos por um particular, desde que não passem pela intervenção de funcionários públicos. Os documentos públicos, quando nulos em razão do vício de forma, passam a ser considerados documentos particulares. Posto isso, a alteração ou a falsificação precisa estar apta a confundir o ser humano, uma vez que, se for grosseira, pode ser considerada como crime de estelionato ou impossível.

Perguntas & respostas

No que diz respeito à falsificação de documentos, há a pública e a particular, que se ligam diretamente com o agente que cometeu o crime. A alteração ou falsificação de documentos públicos constitui a falsidade ideológica, e a de documentos particulares se liga à materialidade. Tendo isso em vista, o que é falsidade material?

A falsidade material diz respeito às alterações das características originais dos documentos, isto é, à deturpação dos fatos. Há inúmeras formas de se realizar esse ato: modificando-o parcialmente ou totalmente por meio de rasuras, escritas, emendas, entre outras técnicas. Com a evolução da tecnologia da informação, tornou-se ainda mais fácil alterar documentos, devendo os agentes da lei estarem atentos a esse ponto. No que tange a esse tipo de crime, a referência é a forma do documento, pois este pode ser considerado falso após uma perícia do material.

No que se refere à **falsificação grosseira** de documentos particulares, podemos afirmar que tais objetos, quando confeccionados a malgrado devido ao manto da oficialidade,

precisam conter alguns requisitos mínimos necessários para que se caracterizem como documentos. Isso implica que devem ter:
» importância jurídica;
» conteúdo;
» autor determinado;
» forma escrita.

Com isso, um papel simplesmente digitado e impresso ou uma pintura não são considerados documentos, pois são escritos ininteligíveis e não apresentam nenhum significado. Como explicamos anteriormente, papéis sem qualquer importância jurídica não são considerados documentos. Ao se tratar da falsificação grosseira devidamente perceptível, inicialmente se percebe que não há o delito, pois não se observa a capacidade de promover ofensa à fé pública. Não consistem em delito de falsificação os documentos que não apresentam um caráter lesivo em potencial e se ressentem da capacidade de gerar danos. O delito não requer que se produza dano efetivo, porém exige que haja a possibilidade de produção. Ainda no que se refere à imitação grosseira, quando não há *imitatio veritatis*, isto é, quando é reconhecida de modo imediato por qualquer indivíduo, não há crime, pois não coloca a fé pública em perigo.

No caso de folha em branco, esta pode ser objeto de falsidade ideológica e de falso material:
» Em caso de falsidade ideológica, o agente tem a outorga de lançar a folha firmada em branco de dado conteúdo, fazendo-o com abuso ao falsear a verdade deixando de inserir informações essenciais ou escrevendo mais do que é preciso constar.
» O falso material, por sua vez, diz respeito à confecção e ao preenchimento de papel quando em posse ilegítima deste. Diante disso, cria-se o documento falso.

É importante mencionar que, quando a folha em branco é assinada e não preenchida, esta não constitui um documento. No entanto, quando o papel é subscrito em branco, este pode atuar como instrumento para falsidade quando o autor lança informações falsas. O tipo subjetivo é então representado pelo dolo, devidamente consubstanciado em uma vontade livremente dirigida de modo a alterar ou falsificar determinado documento.

Para saber mais

Ao se tratar da falsificação de documentos particulares ou públicos, é importante mencionar que a forma do documento é investigada. Quanto ao crime de falsidade ideológica, o problema se relaciona ao conteúdo. No que diz respeito a esses assuntos, é necessário considerar outros pontos, como o entendimento de que um delito só existe quando o falso é realizado com o intuito de alterar a verdade, criar obrigação e prejudicar o direito acerca de um fato relevante do ponto de vista jurídico. Para ampliar seu conhecimento sobre as falsificações ideológicas e materiais, leia o seguinte artigo:

MENEZES JÚNIOR, E. E.; FERREIRA R. M.; MARQUES, P. A. R. A. Responsabilidade cível e penal quando da falsificação material e ideológica nos atos notariais: práticas inovadoras contra o ato ilícito. **Juris Poiesis**, ano 19, n. 21, p. 44-54, set./dez. 2016. Disponível em: <http://periodicos.estacio.br/index.php/jurispoiesis/article/viewFile/3103/1393>. Acesso em: 16 ago. 2022.

Desse modo, é preciso explicitar as diferenças entre a falsidade ideológica e a falsidade material. No primeiro caso, há apenas o teor de ideia; no segundo, ocorre a falsificação material visível e gráfica. Na falsidade ideológica, existe um documento que é perfeito do ponto de vista formal, e o que é falso é toda a ideia contida nele. Com isso, os indivíduos apresentam a legitimidade para a emissão do documento, porém inserem em tal objeto um conteúdo que não equivale à realidade dos fatos.

> ## Exemplificando
>
> As escrituras lavradas pelo profissional que atua no Cartório de Registro de Imóveis são perfeitas no que tange ao aspecto formal, uma vez que esse indivíduo tem a incumbência de criar o instrumento público. No entanto, caso as escrituras contenham declarações falsas, que foram apontadas pelo particular, configura-se então o crime de falsidade ideológica.

Destaca-se que o documento é correto do ponto de vista formal; contudo, a ideia contida nele é falsa, e quem o emite tem a legitimidade efetiva para tal, mas insere no documento um conteúdo que é inverídico. Portanto, a falsidade ideológica, ou falso ideal, é o caso em que se constitui um documento com a forma real e com o conteúdo falso, mesmo quando se observa a forma perfeita. Assim, o conteúdo intelectual contido no instrumento – isto é, suas ideias – é falso.

Perguntas & respostas

Nem todo instrumento é considerado uma falsificação. Ao se tratar de falsificações grosseiras, pode-se afirmar que esses documentos, quando confeccionados de modo a serem facilmente identificados, não são considerados falsificações. Além disso, em falsificações grosseiras não existem elementos como forma escrita, autor determinado, conteúdo e importância jurídica. Tendo isso em vista, por que a falsificação grosseira não é um delito?

Papéis simplesmente impressos ou digitados não figuram como documentos, pois não têm significado, sendo ininteligíveis, ou seja, são papéis que não têm importância jurídica. Posto isso, a falsificação grosseira é facilmente perceptível, sendo reconhecida por qualquer pessoa. Nesse caso, não ocorreu o delito, pois não ocorreu a ofensa à fé pública. Não há, pois, o caráter lesivo e, consequentemente, não há o delito de falsificação, o que resulta na não geração de dano. Vale apontar que o delito não implica a causa de danos efetivos, e sim a possibilidade de produção.

Como explicamos anteriormente, no que se refere à falsidade material, não se leva em conta a ideia, e sim a forma do documento, que apresenta um aspecto externo alterado, contrafeito ou forjado. Ademais, o documento que apresenta a ideologia falsa é criado por um indivíduo responsável por fazê-lo. Nessa hipótese, a pessoa insere conteúdos que não correspondem à realidade dos fatos. No falso material, por sua vez, há alterações na estrutura do documento ou é feita a falsificação da assinatura ou até mesmo seu forjamento, evidenciando que somente por meio de perícia é que se constata a fraude. O falso atua no que tange a questões externas do documento, isto é, o componente físico em que o material pode ser alterado ou criado, como ocorre no processo de falsificação de documentos particulares ou públicos.

5.3 Inteligência criminal

A inteligência é uma das principais bases para impedir a ação criminal. Por meio desse instrumento, assegura-se a ordem pública, permitindo dar respostas corretas em um cenário de incerteza. Tal atividade se apresenta sob quatro domínios primordiais, como mostra a Figura 5.1, a seguir.

Figura 5.1 – Domínios da inteligência criminal

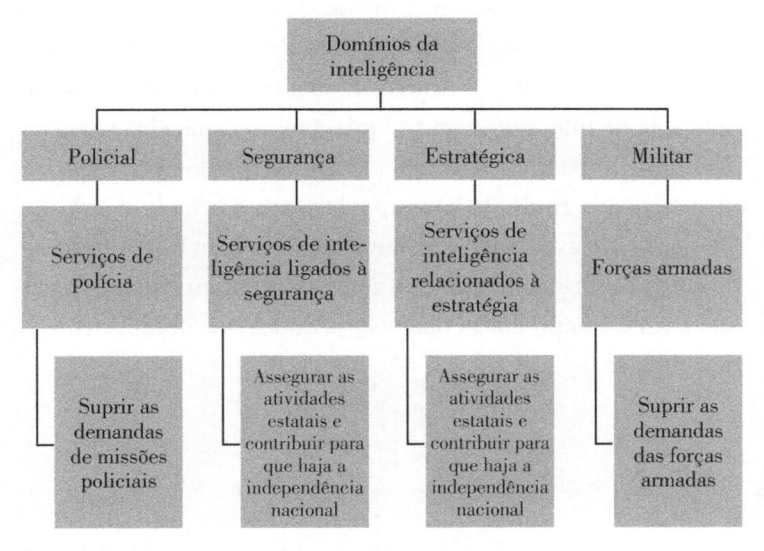

Domínios da inteligência			
Policial	Segurança	Estratégica	Militar
Serviços de polícia	Serviços de inteligência ligados à segurança	Serviços de inteligência relacionados à estratégia	Forças armadas
Suprir as demandas de missões policiais	Assegurar as atividades estatais e contribuir para que haja a independência nacional	Assegurar as atividades estatais e contribuir para que haja a independência nacional	Suprir as demandas das forças armadas

Fonte: Elaborado com base em Fernandes, 2014, p. 168.

Dessa forma, a inteligência criminal consiste em um elemento indispensável para os processos de tomada de decisão, especialmente por quem atua no setor de comando operacional, permitindo atuar diretamente em missões dos executores. As informações criminais possibilitam, em sentido mais amplo, obter dados para interditar saídas e emitir mandados de busca e apreensão, bem como dados de características físicas, de paradeiro, de identificação e de antecedentes, entre outros fatores relacionados aos criminosos. Com isso, visa-se obter elementos relevantes para a investigação e prevenção de crimes considerando os direitos impostos do ponto de vista legal no que tange à proteção de dados pessoais.

Desenvolver a inteligência criminal permite, sob o devido enquadramento penal, a aquisição de respostas proativas e preventivas para combater crimes que afetam o bem-estar da sociedade, o que pode ser atingido quando as empresas contratam serviços de segurança privada. Portanto, é preciso atuar de modo a estimular o desenvolvimento de estratégias para obtenção de informações criminais, uma vez que elas se ligam diretamente com as atividades desempenhadas por meio da investigação criminal. Vale apontar que por meio desse instrumento são executadas inúmeras tarefas com o intuito de se produzir inteligência para que se possam cumprir diversas etapas para a compreensão das necessidades das organizações e dos clientes.

> **O que é**
>
> A inteligência policial é indispensável para a continuação da segurança. Seu principal objetivo é minimizar possíveis incertezas ligadas às atividades criminais e promover abordagens proativas no que tange aos problemas de segurança pública, assim como contribuir para que as operações policiais sejam bem-sucedidas.

Nesse cenário, emerge outro conceito importante: a **análise criminal**, que consiste em compreender relações e padrões atuantes em informações e demais fontes de dados para direcionar as atividades de inteligência. Por meio desse instrumento, identifica-se a distribuição desigual da criminalidade no que se refere ao lugar e ao espaço, à vitimização e ao tipo de criminoso. De acordo com Soares e Ribeiro (2008, p. 7),

> *No campo da segurança pública, por exemplo, mais precisamente no que diz respeito ao controle da criminalidade e das violências, função que entendemos ser uma das premissas do Estado-nação, uma gestão que se pretenda moderna não deve abrir mão da Análise Criminal como instrumento otimizador de suas ações, com todas as novidades que o progresso científico-tecnológico pode hoje nos proporcionar. Um de seus objetivos é o de habilitar profissionais na manipulação de softwares estatísticos e de geoprocessamento para a produção e análise de informações necessárias ao planejamento e à execução de políticas públicas de segurança eficazes.*

Em outras palavras, a análise criminal contribui para que se possam compreender, por meio do estudo de informações e outros dados criminais, ameaças em potencial ou suspeitas de crimes. O intuito é identificar formas de agir e sua motivação para ajudar órgãos de inteligência a desenvolver suas operações. Esse instrumento abrange a análise criminal operacional e a análise criminal estratégica, como mostra Figura 5.2, na sequência.

Figura 5.2 – Áreas da análise criminal

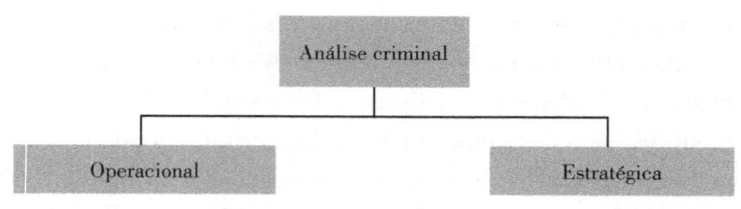

```
                    Análise criminal
                    ┌──────┴──────┐
                Operacional     Estratégica
```

Fonte: Elaborado com base em Fernandes, 2014, p. 141-144.

A **análise criminal estratégica** tem como principal finalidade empregar informações e dados qualitativos e quantitativos ligados à economia, à demografia e ao crime, considerando dimensões espaciais e temporais com o intuito de levantar possíveis riscos emergentes e ameaças em horizontes de longo prazo. Como explicam Soares e Ribeiro (2008, p. 8),

> *Mesmo entendendo que a Análise Criminal seja mais do que a coleta de dados quantitativos para a produção de uma estatística criminal confiável, esta é, sem dúvida, sua primeira etapa. Assim, torna-se importante primeiramente a construção de bases de dados abrangendo informações sobre as práticas dos atores do sistema de justiça criminal, juntamente com um ferramental analítico*

adequado; depois, a sensibilização desses próprios atores para que, por meio de uma postura moderna, possam de fato utilizar em toda sua plenitude o instrumental disponibilizado pelo ISP, quer na projeção de cenários, na elaboração de inferências, no estabelecimento de padrões ou no mapeamento de tendências criminais.

Desse modo, destaca-se que as análises estratégicas englobam os três tipos descritos no Quadro 5.2.

Quadro 5.2 – Tipos avaliados na análise estratégica

Fenômeno da criminalidade	Visa compreender como se dá tal fenômeno a fim de se definirem as prioridades a serem consideradas para a investigação.
Análise geral do perfil	Consiste em entender e padronizar características prováveis relacionadas com as vítimas e os autores de determinados crimes, como pessoas que se voltam à prática de pequenos furtos ou então vítimas de violência doméstica.
Análise do método geral	Visa apontar a eficiência e a eficácia de técnicas, táticas e metodologias de ação para combater, investigar e prevenir a criminalidade.

Exercício resolvido

O objetivo da análise criminal estratégica é utilizar informações qualitativas e quantitativas ligadas a um agente para o desenvolvimento de medidas de inteligência. Para tal, consideram-se as dimensões temporais e espaciais para a compreensão de possíveis riscos e ameaças. Existem três tipos de análises englobados nas análises criminais estratégicas. Quais são eles?

a. O fenômeno da criminalidade, a análise geral do perfil e a análise do método geral.
b. O fenômeno da benevolência, a análise geral do perfil e a análise do método geral.
c. O fenômeno da criminalidade, a análise qualitativa de perfil e a análise do método geral.
d. O fenômeno da criminalidade, a análise geral do perfil e a análise quantitativa de perfil.

Gabarito: a

Feedback do exercício em geral: Os três tipos de análises englobados nas análises criminais estratégicas são o fenômeno da criminalidade, a análise geral de perfil e a análise do método geral. O primeiro visa compreender como se dá tal fenômeno a fim de se definirem as prioridades a serem consideradas para a investigação. A segunda consiste em entender e padronizar características prováveis relacionadas com as vítimas e os autores de determinados crimes. A terceira visa apontar a eficiência e a eficácia de técnicas, táticas e metodologias de ação para combater, investigar e prevenir a criminalidade.

A **análise criminal operacional** busca gerar inteligência do ponto de vista operacional com o intuito de auxiliar no processo de investigação criminal, ao mesmo tempo que permite a compreensão do sentido das informações e dos dados obtidos ao longo dos crimes ou de uma investigação. Genericamente, observa-se a existência de um caráter mais operacional, com vistas a dar suporte direto para as atividades desenvolvidas pelo setor de inteligência.

Portanto, por meio dessas ferramentas, consegue-se interpretar os eventos que ocorreram ao longo do processo a fim de que se possam extrair inúmeras informações, como veículos empregados, local e data de cometimento do crime. A análise criminal operacional tende a variar em função de uma série de elementos, como o tipo de interferência, dividindo-se em cinco grupos principais, como indica a Figura 5.3.

Figura 5.3 – Grupos de análise criminal operacional

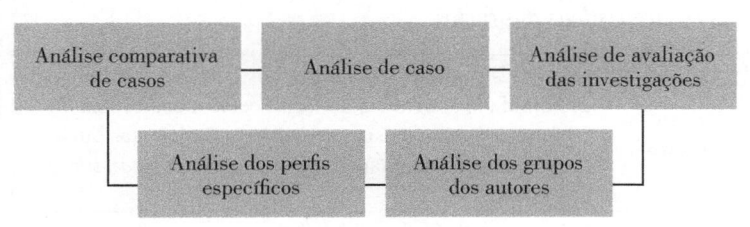

```
Análise comparativa     Análise de caso      Análise de avaliação
     de casos                                  das investigações

          Análise dos perfis      Análise dos grupos
             específicos             dos autores
```

Os tipos mais adotados são as análises comparativas de casos e as análises de casos. A **análise comparativa de casos** busca desenvolver instrumentos para a criação de paralelismos entre os mais variados crimes, de modo a tentar compreender os agentes praticantes. Por meio desse tipo de análise, consegue-se prever a probabilidade de serem observados crimes futuros, criando estratégias para que os setores de inteligência possam utilizá-la em seus processos.

A razão disso é que se consegue avaliar probabilisticamente uma série de parâmetros, como hora, local e instrumentos utilizados. Tal análise se relaciona com as características presentes em eventos criminais que atuam como base para as atividades criminosas executadas, como:
- » *modi operandi*;
- » descrição de alvos;
- » descrição de vítimas;
- » descrição de suspeitos;
- » hora do incidente;
- » local do acontecimento;
- » instrumentos utilizados.

Esses tipos de análise integram a compreensão de furtos em residências, por exemplo. O Quadro 5.3, a seguir, mostra algumas possibilidades para apontar as características dos furtos.

Quadro 5.3 – *Algumas possibilidades para apontar as características dos furtos*

Ponto quente	Os crimes cometidos por suspeitos que se encontram em proximidade geográfica do local, como a ocorrência de 10 furtos em uma mesma avenida em 5 dias, nos quais se encontram semelhanças entre o *modus operandi* e os suspeitos.
Local de risco	Crime caracterizado pelo padrão em que se observa a ocorrência de inúmeros crimes parecidos em um curto intervalo de tempo, como o furto de motocicletas no estacionamento de uma empresa em uma semana.
Objetos/ bens de risco	Crimes cometidos por um sujeito ligados a um dado, bem como o roubo de cobre dos postes de iluminação pública em uma região.
Vítimas de risco	Crimes cometidos contra um grupo de vítimas específico, como o roubo a um grupo de idosos depois de terem levantado fundos para a reforma de uma igreja.

(continua)

(Quadro 5.3 – conclusão)

Vaga	Crimes cometidos com elevada repetitividade em intervalos de tempo menores, como o furto ao interior de 5 ônibus de viagens estacionados na rodoviária em um intervalo de 30 minutos.
Série	Crimes cometidos pela(s) mesma(s) pessoa(s) considerando questões forenses, descrição de suspeitos e *modus operandi*, como a explosão dos caixas eletrônicos de 5 agências bancárias em uma mesma localidade

Fonte: Elaborado com base em Fernandes, 2014, p. 141-144.

As **análises de caso**, por sua vez, visam à obtenção de dados acerca dos rumos a serem seguidos por uma investigação. Para tal, propõem-se diligências processuais ou ainda novas ações. Tudo feito para levantar possíveis incoerências relacionadas com as fontes, como no caso de depoimentos prestados pelas testemunhas.

Existem ainda as técnicas e metodologias para a análise criminal, procedimentos adotados pelas companhias de segurança privada para compreender eventos e desenvolver ferramentas estratégicas para analisar ou simular um evento ou fenômeno que pode impactar seu cliente. Por meio desses instrumentos, é possível antever situações problemáticas e desenvolver medidas protetivas preventivas a fim de resguardar os interesses das pessoas ou das empresas contratantes do serviço de segurança privada.

Nesse contexto, entre as técnicas e metodologias mais comuns, destacam-se os **diagramas de associação** (Figura 5.4, a seguir), que buscam auxiliar no processo de visualização/identificação das relações existentes entre as entidades (objetos, locais, organizações, pessoas etc.), bem como sua natureza. Outro instrumento utilizado são os cronogramas ou diagramas de eventos. Nesse caso, visa-se apontar a sequência cronológica dos eventos. Para tal, podem-se empregar outras técnicas, como a criação de mapas, gráficos, entre outros recursos que atuam de forma integrada e complementar.

Figura 5.4 – Diagrama de associação

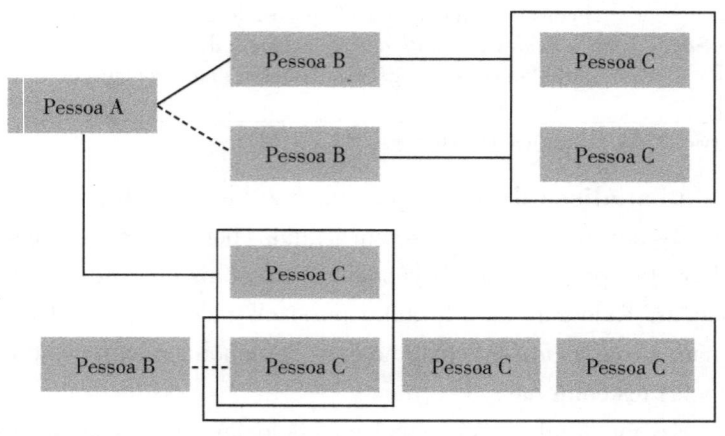

```
                    ┌─── Pessoa B ──────── Pessoa C
        Pessoa A ───┤
                    └─── Pessoa B ──────── Pessoa C

                         Pessoa C
         Pessoa B ---- Pessoa C    Pessoa C    Pessoa C
```

Fonte: Elaborado com base em Fernandes, 2014, p. 130.

A produção de inteligência consiste em um ciclo contínuo de agregação de valor aos mais variados componentes originais que integram um produto transformado de modo substancial. Tal alteração é o que caracteriza um processo de inteligência, distinguindo-a de situações tradicionais. O ciclo de geração de inteligência apresenta inúmeras fases, sendo as mais comuns as listadas na Figura 5.5.

Figura 5.5 – Etapas da produção da inteligência

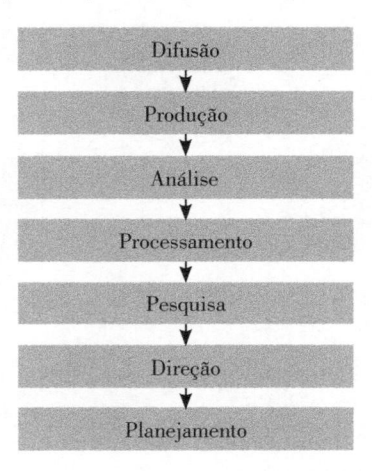

```
Difusão
  ↓
Produção
  ↓
Análise
  ↓
Processamento
  ↓
Pesquisa
  ↓
Direção
  ↓
Planejamento
```

A Figura 5.6, a seguir, ilustra o ciclo mencionado anteriormente. Especificamente no **planejamento**, indicam-se todas as necessidades da inteligência nos mais variados níveis: no nível operacional, por parte dos gerentes de locais específicos ou de clientes/produtos específicos, que observam de modo detalhado os objetivos organizacionais. Aqui, definem-se os termos policiais considerando o que importa nas atividades de inteligência. Parte-se de seis questões elementares:

1. Quem? (p. ex.: um grupo de cinco pessoas)
2. O quê? (p. ex.: furtaram o interior de uma loja)
3. Quando? (p. ex.: em dezembro de 2020)
4. Onde? (p. ex.: na Avenida Paulista, em São Paulo)
5. Por quê? (p. ex.: não se sabe)
6. Como? (p. ex.: precisa ser investigado)

As questões elencadas anteriormente podem atuar como um começo para investigar as questões imprescindíveis no nível operacional para que os agentes responsáveis por investigar os crimes possam atender a suas necessidades.

Figura 5.6 – Ciclo de geração da inteligência

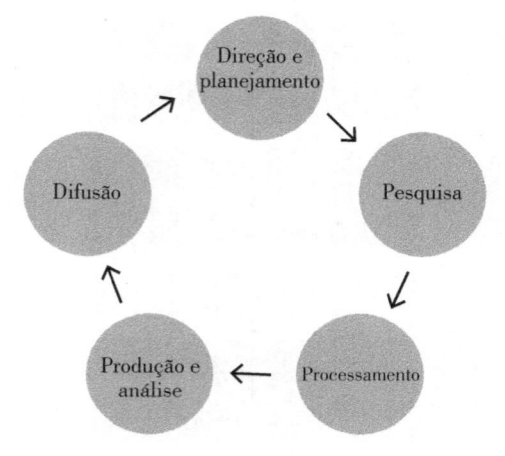

```
        Direção e
       planejamento
      ↗            ↘
  Difusão         Pesquisa
     ↑              ↓
  Produção e  ←  Processamento
   análise
```

Fonte: Elaborado com base em Fernandes, 2014, p. 105.

A etapa de **pesquisa** consiste em um processo contínuo e dinâmico de exploração sistemática das informações e dos dados gerados. Nesse momento, recolhem-se dados provenientes das mais variadas fontes – atividades, objetos ou pessoas que podem auxiliar nesse processo. O presente processo pode ser realizado de modo que cada agente escolha qual a metodologia mais eficiente para suas necessidades, considerando a legalidade. Para isso, podem-se utilizar entrevistas de peritos ou testemunhas, interrogatórios, buscas e vigilância (por vídeo, por meio de escutas, entre outras ferramentas). O Quadro 5.4, a seguir, aponta as principais fontes de informação.

Quadro 5.4 – Fontes de obtenção de informações

Assinaturas e medidas de inteligência	Medidas de radiação Medidas acústicas
Sinais de inteligência	Medidas de comunicações Medidas eletrônicas Medidas de telemetria

(continua)

(Quadro 5.4 – conclusão)

Inteligência de código aberto	Livros e revistas Rádio e televisão Jornais Documentos públicos
Inteligência de imagem	Radares Infravermelhos Imagens multiespectrais Fotografias
Recursos humanos de inteligência	Observadores Fontes disponíveis/informantes Fontes controladas/agentes

Fonte: Elaborado com base em Fernandes, 2014, p. 141-144.

Na etapa de **processamento**, as informações e os dados são estratificados em categorias lógicas e, posteriormente, associados a outros parâmetros que já existem com o intuito de tornar a determinação das relações e o processo de atribuição de significados mais simples. Por sua vez, a etapa de **produção e análise** engloba a indexação e a formulação, a interpretação e a integração de informações e dados, considerando-se o que foi desenvolvido anteriormente. É justamente nesse momento que se cria inteligência, ou seja, itens com valor agregado e com aptidão para fundamentar os processos de tomada de decisão devidamente criados para um público específico.

Na **difusão**, a inteligência é distribuída para os consumidores. Essa é a etapa na qual se coloca em prática todo o processo. Quando descrito previamente, assume a expressão máxima na qual se disponibiliza o produto final ao longo de todo o ciclo. Nessa etapa, ocorre a divulgação de mapas de informações, relatórios e demais documentos em um suporte adequado para os processos de tomada de decisão. A Figura 5.7, a seguir, sintetiza o processo de produção de inteligência criminal.

Figura 5.7 – Síntese do processo de produção de inteligência criminal

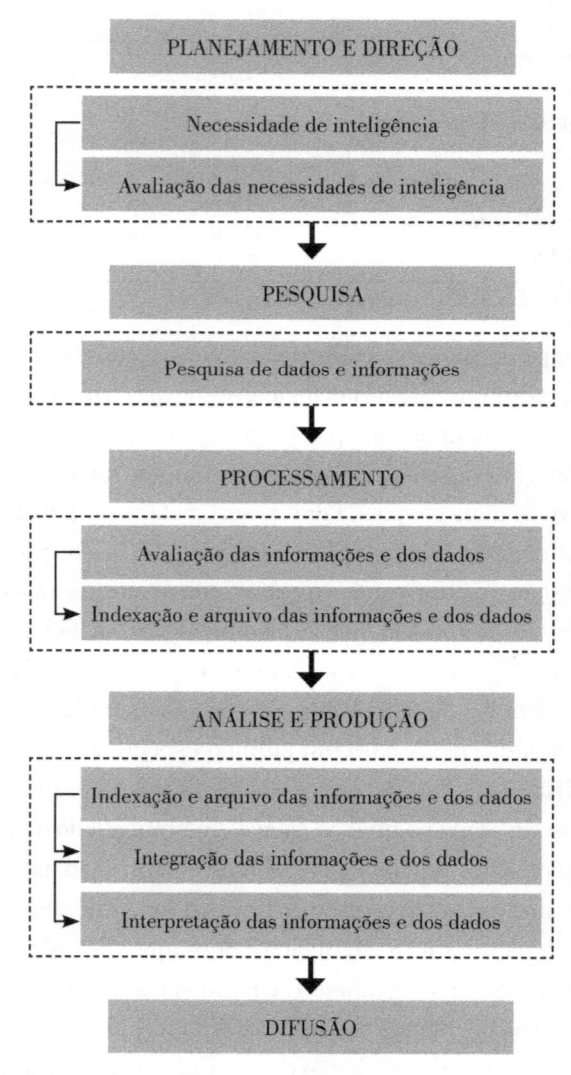

```
                    PLANEJAMENTO E DIREÇÃO
        ┌─────────────────────────────────────────────┐
        │         Necessidade de inteligência         │
        │  Avaliação das necessidades de inteligência │
        └─────────────────────────────────────────────┘
                              ↓
                          PESQUISA
        ┌─────────────────────────────────────────────┐
        │      Pesquisa de dados e informações        │
        └─────────────────────────────────────────────┘
                              ↓
                      PROCESSAMENTO
        ┌─────────────────────────────────────────────┐
        │    Avaliação das informações e dos dados    │
        │ Indexação e arquivo das informações e dos dados │
        └─────────────────────────────────────────────┘
                              ↓
                    ANÁLISE E PRODUÇÃO
        ┌─────────────────────────────────────────────┐
        │ Indexação e arquivo das informações e dos dados │
        │    Integração das informações e dos dados    │
        │  Interpretação das informações e dos dados   │
        └─────────────────────────────────────────────┘
                              ↓
                          DIFUSÃO
```

Fonte: Elaborado com base em Fernandes, 2014, p. 106.

Uma das atividades de grande importância da inteligência criminal é o **policiamento orientado pela inteligência (POI)**. Por meio desse instrumento, amplamente defendido por inúmeras agências de inteligência, é possível desenvolver as atividades de policiamento de modo mais eficiente. Conforme Silva (2015, p. 126),

> *Policiamento Orientado pela Inteligência caracteriza-se por uma maior centralização das decisões e dos meios nos altos escalões policiais, de modo que, após identificadas as organizações criminosas de maior potencial lesivo através de análises de inteligência, possam ser concentrados os meios disponíveis em ações repressivas contra elas, de modo que haja maior eficiência. Desse modo, é mais adequado a unidades especializadas por matérias, com áreas de atuação que não correspondam a uma comunidade determinada. Podemos identificar tais organizações policiais como as delegacias especializadas das Polícia Civis, os batalhões especializados das Polícias Militares e as unidades da Polícia Federal, cujas circunscrições são, de modo geral, amplas. Cabe, ainda, ressaltar que os interesses da sociedade são levados em consideração, mesmo no Policiamento Orientado pela Inteligência, uma vez que o impacto social da ação policial é um dos fatores de inteligência levados em consideração para a seleção das medidas prioritárias. Desse modo, pode-se dizer que também o presente modelo de gestão busca harmonizar, ainda que em menor grau.*

Portanto, o POI tem como ponto principal o desenvolvimento de inúmeros recursos policiais para tornar as operações mais bem delimitadas, partindo da coleta e análise de dados criminais voltados à detenção e à identificação de suspeitos que se dedicam de modo contínuo à prática de eventos ilícitos. Esse componente é essencial para que as operações policiais sejam desenvolvidas, porém pode ser empregado para a realização de missões de patrulhamento diárias, uma vez que parte de um modelo que objetiva a compreensão do ambiente criminal.

Uma ferramenta que auxilia nesse processo consiste nos chamados *3 Is* (Impacto, Influência e Interpretação), em que, por meio de estudos policiais, consegue-se analisar de modo ativo e efetivo o ambiente criminal. Tudo isso é feito com o objetivo de apontar quais são os principais agentes, bem como as ameaças emergentes e significativas. Por meio desse instrumento, busca-se minimizar a criminalidade considerando a interpretação do ambiente em que ocorre o crime.

A Figura 5.8, a seguir, descreve os 3 Is. Podemos perceber que existem três funções básicas que se relacionam: decisores, ambiente criminal e análise da criminalidade. O modelo prega que há uma relação entre o ambiente criminal e a análise de criminalidade, configurando-se o processo de interpretação.

Figura 5.8 – Síntese do processo de produção de inteligência criminal

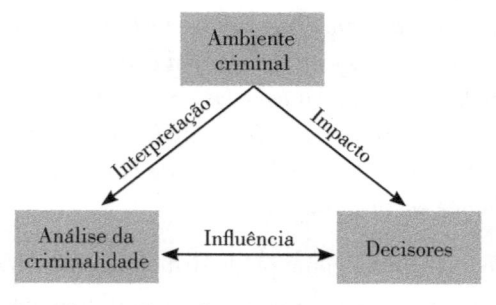

Fonte: Elaborado com base em Fernandes, 2014, p. 189.

Existe também uma forte relação entre os decisores e o ambiente criminal, fator que tem como principal expressão o impacto, que é diretamente associado às influências que um ambiente exerce sobre esses indivíduos. Em uma explicação mais clara, admite-se que, quando existe a iminência de um dado crime, como a série de furtos no interior de uma loja, por exemplo, emerge uma decisão a fim de que se possa tentar eliminar tal ameaça para evitar que ela ocorra novamente. É importante comentar que, no modelo dos 3 Is, é possível observar um paralelismo entre as análises de criminalidade e os decisores, que podem ser apontados por meio da análise de criminalidade e da influência nos processos de tomada de decisão.

A inteligência é, portanto, um processo que se tornou amplamente estudado por inúmeros autores, especialmente por analistas de informações, especialistas criminais e policiais. Esse instrumento abarca muito mais do que informações, pois se constrói um conhecimento previamente preparado para suprir demandas específicas de um usuário. Com isso, passa-se a suportar todo o processo de geração de dados específicos e também a coleta de informações de modo a utilizá-la em um dado problema vivenciado por um usuário.

Assim, gera-se a excelência de conhecimento acerca do acontecido ao mesmo tempo que se prevê o que pode ocorrer. No entanto, é comum que as informações sejam ineficientes ou abstratas, o que dificulta a geração de respostas para os usuários. Diante isso, é necessário que se produza inteligência, ou seja, o desenvolvimento de informações e dados devidamente sintetizados por meio de raciocínio analítico, que contribui para apontar o ambiente global de operação.

Posto isso, cabe enfatizar que a inteligência contribui para a realização de inferências a respeito de fenômenos e eventos criminais que ocorreram em determinado ponto geográfico e horário, influenciados por inúmeros fatores. Esse instrumento é adequado para a prevenção criminal, ajudando agentes em processos decisórios para coordenar operações a fim de evitar que ilícitos criminais ocorram. Tal processo é materializado diversas vezes, por meio de análises em parceria com dados obtidos acerca de possíveis suspeitos e crimes cometidos por eles.

Para saber mais

A inteligência criminal requer o desenvolvimento de uma série de atividades coordenadas e planejadas para coibir a ação dos criminosos. Portanto, é preciso utilizar inúmeras ferramentas para atingir esse objetivo. Para saber mais sobre esse tema, leia o seguinte artigo:

AZEVEDO, A. L. V. de; RICCIO, V.; RUEDIGER, M. A.
A utilização das estatísticas criminais no planejamento da ação policial: cultura e contexto organizacional como elementos centrais à sua compreensão. **Ciência da Informação**, Brasília, v. 40, n. 1, p. 9-21, jan./abr. 2011. Disponível em: <https://www.scielo.br/scielo.php?script=sci_arttext&pid=S0100-19652011000100001#:~:text=O%20policiamento%20orientado%20%C3%A0%20intelig%C3%AAncia%20%C3%A9%20um%20modelo%20gerencial%20e,facilite%20a%20redu%C3%A7%C3%A3o%20do%20crime>. Acesso em: 16 ago. 2022.

Desse modo, a inteligência criminal, quando encarada como ferramenta organizacional, contribui para dar suporte aos processos de tomada de decisões estratégicas e políticas em prol dos interesses estatais.

Síntese

A falsidade ideológica só é considerada crime quando existe pelo menos o potencial de provocar danos em função do falso em situações que visam modificar a verdade, prejudicar o direito e criar a obrigação acerca do que é relevante em questões jurídicas.

A falsificação e a adulteração de documentos são um crime devidamente amparado pelo Código Penal, especialmente no que tange aos documentos públicos (art. 297) e aos documentos particulares (art. 298).

Para que se configure um documento particular, é preciso que este tenha importância do ponto de vista jurídico, que se identifique um autor e que haja a exposição de um fato ou a manifestação da vontade.

A inteligência criminal é um parâmetro indispensável para que se possam fundamentar os processos de tomada de decisão, especialmente para os comandantes de missões.

A análise criminal, que pode ser estratégica ou operacional, visa entender padrões e relações existentes entre as informações para que se possam direcionar as atividades de inteligência.

O ciclo de geração da inteligência apresenta as seguintes fases: planejamento, pesquisa, processamento, produção e análise e difusão.

O policiamento orientado pela inteligência é uma das principais atividades da inteligência criminal. Por meio desse componente, é possível criar medidas de policiamento mais efetivas.

Disciplina: Gestão em segurança privada
Capítulo 5
Estudo de caso

Texto introdutório

O presente caso refere-se a uma situação em que um indivíduo tentou conseguir crédito em uma loja sem apresentar a cópia de sua identidade original. Posteriormente, contratou-se um consultor de segurança, pois havia o indício de irregularidades e a existência de um crime de falsificação de documentos; nesse contexto, recomendou-se à cliente realizar a denúncia. O denunciante foi intimado a depor para apontar sua versão dos fatos e auxiliar no julgamento, ou seja, ajudar a apontar se o cliente cometeu ou não um crime, devendo-se lembrar que quem decide nesse caso é o juiz. Como em qualquer situação jurídica, é preciso analisar o caso com mais detalhes e em observância à legislação, a fim de garantir que o julgamento ocorra de maneira acertada e precisa. O desafio nessa situação é apontar se o réu pode ou não ser condenado por crime de falsidade ideológica, identificando-se os motivos legais para tal.

Texto do caso
Pedro estava em uma loja de departamentos quando foi abordado por uma vendedora que lhe falou sobre o cartão da loja, oferecendo--lhe vantagens caso ele o adquirisse, como desconto de 50% nas três primeiras compras e isenção de taxa de anuidade. Após muita insistência por parte da vendedora, ele resolveu contratar o serviço. Durante o processo, pediram-lhe seu documento de identidade. No entanto, Pedro, que havia feito seu documento no dia anterior, notou que havia um erro em sua data de nascimento. O cliente informou o erro à atendente, que lhe disse para alterar a data na fotocópia. Ele seguiu sua orientação e realizou todos os processos legais; por fim, conseguiu gerar o cartão e liberar o crédito. Pedro foi até a loja, fez suas compras normalmente e, como prometido, ganhou 50% de desconto.
Após a compra, constatou-se a irregularidade e, com o intuito de resguardar seus bens, a loja de departamentos entrou em contato com o consultor de segurança, pois não sabia o que fazer. Depois das averiguações, verificou-se de fato que havia irregularidades, e a empresa foi aconselhada a denunciar o cliente. Na sequência, um mês depois da compra, Pedro recebeu uma carta em sua residência com a declaração de ter cometido crime de falsificação após a realização de seu cadastro na loja de departamentos.
Em razão da rasura em seus documentos, a loja alegou que o comprador havia aplicado um golpe na loja. O cliente, por sua vez, ficou muito frustrado, pois a atendente tinha permitido tal procedimento. Ele precisou comparecer à audiência no dia e na hora marcada, juntamente com seus advogados, para tentar provar sua inocência.
Agora, reflita sobre o caso de Pedro e, com base nas informações apresentadas sobre falsificação e adulteração de documentos, aponte quais são os motivos para condenar ou absolver o cliente, considerando a legislação que trata do tema, especialmente o Código Penal.

Resolução
Podem ocorrer dois tipos de falsificação de documentos: a material, ligada à exterioridade, e a ideológica, relativa às declarações que um documento precisa conter. É importante mencionar que a falsidade material está relacionada ao formato do documento, enquanto a falsidade ideológica diz respeito ao conteúdo. Portanto, a falsificação material ocorre quando se cria a falsidade, ao forjar ou alterar o documento. A falsidade ideológica consiste na imitação da verdade por meio da alteração ou da contração.
Na falsidade material, os documentos são perfeitos no que tange aos seus componentes extrínsecos e à sua forma, apontando que o indivíduo que figura nele é o autor. Contudo, seu conteúdo é falso quanto ao que encerra ou ao que diz. Quando há uma simulação maliciosa com uma declaração fraudulenta que deturpa a verdade, integrando a intenção ou o ato de prejudicar terceiros, ocorre a falsidade ideológica.
No caso de Pedro, a loja de departamentos agiu corretamente em denunciar o cliente após a consultoria prestada, pois compete a ela informar ao cliente quaisquer irregularidades que possam vir a ocorrer e que colocam em risco seus interesses. Diante disso, no caso de Pedro, a defesa está correta ao acusá-lo de falsidade material.
Entretanto, a fotocópia sem autenticação não configura crime de documento falso, uma vez que não se observa a figura dos documentos para fins penais. A razão disso é que, ao se exigir a forma escrita, há a exclusão de reproduções e fotografias autenticadas, sendo indiferente a forma escrita a lápis ou a tinta. Além disso, a falsidade era tão grosseira que não enganou os destinatários por um longo período e dispensou exames e profissionais capacitados para identificar a fraude. Para que um crime de falsidade seja configurado, é preciso que as fraudes não sejam grosseiras, requerendo exames acurados para detectar quaisquer irregularidades.
Desse modo, se a cópia apresentada por Pedro fosse autenticada, este responderia por falsificação de documentos, mas isso não ocorreu. Logo, ele não pode ser condenado por falsificação de documentos. Nesse sentido, o caso se enquadraria em falso material de fato, porém houve um equívoco ao se denunciar o cliente de ter cometido o crime.

Dica 1
A leitura do artigo "Análise forense de documentos digitais: além da visão humana" pode ajudar a entender um pouco mais sobre a falsificação de documentos e como tem se dado esse processo nos dias de hoje em face das novas tecnologias.

SILVA, E. A.; ROCHA, A. Análise forense de documentos digitais: além da visão humana. **Saúde, Ética & Justiça**, v. 16, n. 1, p. 9-17, 2011. Disponível em: <https://www.revistas.usp.br/sej/article/view/45773/49364>. Acesso em: 30 jul. 2022.

Dica 2
A leitura do artigo "A validade jurídica dos documentos digitais" pode auxiliar na resposta ao estudo de caso, pois aponta algumas possibilidades acerca dos documentos legais.

GANDINI, J. A. D.; SALOMÃO, D. P. da S.; JACOB, C. **A validade jurídica dos documentos digitais**. jul. 2016. Disponível em: <https://www.researchgate.net/profile/Diana_Paola5/publication/265820751_A_Validade_juridica_dos_documentos_digitais/links/57914c1c08ae108aa040258f/A-Validade-juridica-dos-documentos-digitais.pdf>. Acesso em: 30 jul. 2022.

VI

Aspectos jurídicos e legislação da segurança das informações, crimes virtuais e computação forense

Conteúdos do capítulo:

» União Europeia e o Regulamento 2016/679.
» Marco Civil da Internet.
» Crimes virtuais.
» Computação forense.

Após o estudo deste capítulo, você será capaz de:

1. delimitar questões ligadas à legislação da segurança das informações;
2. indicar as particularidades do Regulamento 2016/679; discutir a respeito do Marco Civil da Internet, bem como de suas características e limitações;
3. conceituar os crimes virtuais mais cometidos;
4. reconhecer aspectos relevantes da computação forense.

A segurança de dados se liga diretamente à proteção de uma série de elementos que representam determinado valor para uma organização ou empresa. Nesse contexto, é necessário assegurar que os procedimentos executados estejam em concordância com as normas e as legislações vigentes, o que significa que não se pode desenvolver essa atividade de qualquer maneira – é preciso permitir que os usuários compreendam de forma clara seus direitos. Um modo de garantir tal direito se dá por meio do Regulamento 2016/679, instituído na União Europeia, e do Marco Civil da Internet, instrumentos mais relevantes do ponto de vista mundial e nacional, respectivamente.

Colocando-se em prática os preceitos estipulados nos dois instrumentos citados, é possível minimizar a ação de agentes mal-intencionados e a atuação criminosa. Em paralelo, pode-se utilizar a computação forense, que conta com técnicas destinadas à investigação e compreensão das ocorrências de crimes. Discutiremos esses assuntos nas próximas seções.

6.1 União Europeia e o Regulamento 2016/679

Compreender o Regulamento 2016/679 é importante para os agentes que atuam na segurança privada, uma vez que esses sujeitos podem trabalhar tanto em empresas nacionais como internacionais. Esse regulamento é um dos principais documentos sobre segurança das informações no mundo; portanto, o domínio de seu conteúdo permite a esses profissionais atuar em consonância com a legislação, sem cometer irregularidades que afetem suas carreiras e seus clientes.

A seguir, apresentamos algumas questões jurídicas e legislações ligadas à segurança das informações, aos crimes virtuais e à computação forense. Tais temas são de grande relevância em razão do aumento do volume de dados provenientes da popularização da internet, bem como de seus recursos.

O Regulamento n. 679, de 26 de abril de 2016, ou *General Data Protection Regulation* (GDPR), aborda a proteção de pessoas singulares no que tange ao tratamento das informações pessoais e à livre circulação destas. Esse instrumento revogou a Diretiva 95/46/CE. Conforme Souza (2018, p. 49-50, grifo do original),

> *Como uma evolução legislativa, o Regulamento Geral da Proteção de Dados (*General Data Protection Regulation – GDPR*) – Regulamento 2016/679, entrou em vigor em maio de 2018, após 2 anos de* vacation legis, *para substituir a antiga Diretiva 95/46/CE, visando a harmonização das leis de proteção de dados dos países da União Europeia, ratificando a importância fundamental da circulação de dados nas sociedades atuais para as empresas, associações e entes públicos. O Regulamento alerta para o aumento exponencial do tratamento de dados pessoais associado ao desenvolvimento das tecnologias de informação e à necessidade de adaptação de seus princípios a um mundo que cada vez mais depende da coleta e do tratamento de dados na* Internet *e fora dela. Mostra, ainda, a necessidade de harmonizar a crescente utilidade e conveniência de tratamento desses dados com as liberdades e direitos fundamentais, tendo por objetivo reforçar e unificar a proteção de dados pessoais na União Europeia (UE), especificando direitos e obrigações correspondentes. Exemplo disso é a própria definição de* dado pessoal, *que se mostra muito mais detalhada, tratando com tal aquele cuja informação seja relativa a uma*

pessoa singular identificada ou identificável – titular dos dados, sendo considerada identificável todos aqueles que possam ser identificados, direta ou indiretamente, em especial por referência a um identificador, que pode ser um nome, um número de identificação, dados de localização, identificadores por via eletrônica ou a um ou mais elementos específicos da identidade física, fisiológica, genética, mental, econômica, cultural ou social dessa pessoa singular.

O que é

Uma das versões do documento mais utilizadas para tratar de tal tema é a portuguesa, que passou a vigorar a partir de 25 de maio de 2018. Portanto, vale mencionar o significado de *regulamento*. Esse termo se refere a normas vinculativas que são aplicadas diretamente a todas as nações, pessoas jurídicas e físicas de modo semelhante ao direito nacional.

Anteriormente, a regulamentação sobre o tema se dava por meio da Diretiva 95/46, que tratava de dados pessoais, tendo em sua ementa um conteúdo semelhante ao do documento mencionado. A proteção dos dados pessoais ocorria por meio de um sistema responsável por incluir orientações, decisões vinculantes, regulamentos e diretivas nos mais variados níveis hierárquicos. Tudo isso contribuía para que se desenvolvesse um quadro legal dotado de várias camadas que tinham como base orientações gerais que se tornaram mais específicas no que se refere às obrigações e direitos ligados a dados pessoais.

Entretanto, o sistema da Diretiva 95/46 passou por uma grande reformulação no ano de 2016, quando houve a aprovação de uma norma proposta em 2010, culminando na inserção do atual Regulamento. Ao se analisar esse último elemento, destaca-se, no que se refere aos direitos individuais, o modo como eles se ligam à relevância e ao consentimento do adjetivo, que passaram a ser reforçados.

Dessa forma, o diploma legal passou a requerer que proprietários de informações possam acessar facilmente o tratamento desses instrumentos, com acesso a explicações mais simplificadas, sem a complexa linguagem de contratos. Além disso, o consentimento desse sujeito precisa ser destacadamente expresso, bem como a facilidade de sua revogação. Com o intuito de reforçar os direitos dos donos, os direitos de eliminação e acesso foram reformulados e ampliados para agregar mais segurança para o mercado e para o titular.

No que tange ao reforço de autoridades que tratam da proteção dos dados, observa-se uma abordagem mais adequada com relação a sanções que podem ser diretamente impostas aos agentes responsáveis pelo tratamento das informações, especialmente quando se violam as regras do GDPR. Outro ponto que merece destaque é que as organizações que forem atacadas e tiverem seus dados roubados ou, então, que vazarem os dados pessoais de seus consumidores precisam informar a esses sujeitos tal evento. Além disso, deve-se relatar o caso à autoridade de proteção.

O Regulamento criou ainda várias regras relativas a procedimentos usados para a avaliação e a análise dos impactos à privacidade (*Privacy Impact Assessments* – PIAs). Mesmo as empresas não sendo obrigadas a registrar o processo de tratamento de dados, recomenda-se em determinadas situações elaborar um estudo para minimizar os riscos ligados à privacidade dos donos das informações. Nesse caso, pode-se submetê-los à aprovação das autoridades responsáveis.

É importante mencionar que o Regulamento trouxe algumas práticas que incentivam os responsáveis pelo tratamento de dados a zelar pela garantia da privacidade e pelo cumprimento do documento. Com isso, consolidaram-se os conceitos de *Privacy by Design* e *Privacy by Default* como obrigatórios. Esse evento passou a obrigar os responsáveis a desenvolver seus processos, serviços e produtos levando em consideração os princípios gerais da matéria e a preservação da privacidade. Nesse contexto, é necessária a utilização de um padrão operacional voltado à garantia da privacidade sem afetar a publicidade na falta de posicionamento do titular das informações. Há ainda uma outra modificação de grande relevância que se liga à reafirmação de programas para incentivar o cumprimento de tal instrumento: um estímulo à criação de sistemas de certificação e de selos relacionados ao nível de envolvimento da organização com a privacidade de seus usuários. Segundo Fernandes (2018, p. 41),

> *A análise do RGPD é um ponto de partida para a análise, concepção e implementação de sistemas de informação capazes de assegurar a confidencialidade, integridade, disponibilidade e resiliência dos dados pessoais que processam. Devido à evolução tecnológica, vários serviços atualmente compartilham dados e parte deles se baseia em dados pessoais relacionados a bancos, serviços de saúde e outros domínios de dados. Esses dados exigem medidas rigorosas para protegê-los dos desvios para fins impróprios com consequências irreversíveis, mantendo ao mesmo tempo a livre circulação desses dados.*

Outra questão diz respeito à probabilidade de proteger as informações pessoais por meio das soluções tecnológicas, ou seja, aplicativos e outros dispositivos. Com isso, passa-se a ter o *Privacy by Design*, sendo que as tecnologias concebidas com tal finalidade são chamadas de *Privacy-Enhancing Technologies* (PETs). O *Privacy by Design* está intimamente ligado à prática geral voltada à orientação dos processos de fabricação e desenvolvimento com o intuito de garantir a proteção e a privacidade dos dados dos usuários e da coletividade. Já as PETs se relacionam com a solução, do ponto de vista tecnológico, das orientações contidas em tal *design*.

Cabe enfatizar que o Regulamento não é aplicável somente para os cidadãos europeus – ele é válido para todos os sujeitos que se encontram na União Europeia. Desse modo, o GDPR ajuda as organizações a conduzir e desenvolver práticas relacionadas com bancos de dados, indicando como esses agentes devem se comportar em relação aos usuários. Esse instrumento traz consigo uma grande diversidade de normas que tornam os termos de utilização mais compreensíveis, ao mesmo tempo que se utiliza de ferramentas que contribuem para que os usuários gerenciem seus dados, além de tornar o controle de privacidade mais simples. Tudo isso é feito considerando-se condutas internas voltadas à garantia da conformidade legal e também o reforço da segurança cibernética de proteção de dados.

> **Exemplificando**
>
> O GDPR atua na regulamentação das atividades de quaisquer entidades, empresas ou serviços de coleta de dados presentes na União Europeia, seja uma loja de varejo, seja uma farmácia, por exemplo. Quanto às grandes empresas, destaca-se que essa organizações estão diretamente relacionadas a grandes volumes de dados; por isso, elas são mais impactadas por *data brokers* (organizações que juntam e comercializam dados de consumidores *online*), lojas virtuais, redes sociais e empresas ligadas a serviços públicos, de saúde, de pesquisa e bancárias, uma vez que precisam adaptar-se. Caso contrário, multas pesadas podem ser aplicadas.

A lei busca promover a transparência das organizações e das empresas que atuam com dados pessoais. Tais instituições são obrigadas a saber comunicar sua responsabilidade acerca do ciclo de vida dos dados, que engloba:

» a coleta;
» o tratamento;
» o compartilhamento;
» o armazenamento;
» o descarte.

A dinâmica mencionada anteriormente fez com que depois do dia 25 de maio de 2018 vários cidadãos europeus residentes no continente europeu recebessem termos de atualização de organizações que trabalham diretamente com suas informações. Como exemplo disso, pode-se mencionar o Facebook©, que forneceu exclusivamente para os habitantes europeus e demais indivíduos que ali residem uma detalhada e nova justificativa para a coleta de informações. Como citado anteriormente, o consentimento dos donos das informações pessoais é de suma importância. Na Europa, os antigos contratos de adesão já não são mais aceitos no continente, o que assegura de fato tal direito.

Para os usuários, o que mudou foram os modelos de contrato, pois os novos padrões precisam vir com *opt-in* (botão que aponta a vontade ou não de um sujeito aceitar fornecer suas informações); opções pré-marcadas em questionários eletrônicos ou termos de uso não serão mais aceitos como um modo de consentimento. Além disso, a troca de dados pessoais com outras empresas não pode ser feita como era realizada antes da criação do diploma legal, em que esse intercâmbio era uma condição para que consumidores utilizassem o serviço.

No que se refere às dúvidas mais comuns, depois de o usuário consentir, observa-se o **legítimo interesse**, que é outro pilar legal do GDPR. Desse modo, a organização tem a capacidade de julgar se é positivo ou negativo para seu consumidor o compartilhamento de suas informações pessoais com outra empresa, por exemplo. Com isso, devem-se considerar os seguintes pontos:

» Isso fere as expectativas do consumidor?
» Caso as expectativas sejam quebradas, qual é o outro direito fundamental que esse sujeito tem? (Se esse outro direito for ferido, provavelmente a decisão estará errada.)
» A organização pode pedir e informar novo consentimento?

Nesse cenário, a lei possibilita a revogação e a disponibilização de informações pessoais caso os titulares queiram. Um exemplo disso é que o cidadão pode demandar que suas informações sejam passadas entre empresas, ou seja, permitir que se altere a operadora e que se garanta que os dados transitem entre as marcas com segurança. A diferença nesse caso é que tal metodologia se aplica para organizações como Google©, Facebook© e empresas afins. Acerca da revogação, é válido apontar que os dados precisam ser entregues de modo estruturado em no máximo um mês. Caso o indivíduo opte por não utilizar um aplicativo, por exemplo, pode-se pedir a devolução, por meio da qual receberá parâmetros referentes ao serviço.

Quando se trata de **profiling**, que consiste em um modelo de negócio de publicidade, a proteção é relativa. O Regulamento garante aos sujeitos que se sentem prejudicados de alguma maneira com tal instrumento a possibilidade de requerer a obtenção de dados referentes a tal processo.

O que é

O *profiling* refere-se a um processo de pseudoanonimização no qual se agregam e se cruzam dados. Isso permite a criação de determinados grupos de consumo, além da otimização do direcionamento da publicidade sem saber de fato quem é o alvo. Com isso, marcas conseguem alcançar grupos sociais específicos que residem em dada localização e que buscam desenvolver certo estilo de vida, por exemplo.

Como explica Vieira (2019, p. 9),

> *Esse procedimento, denominado "profiling" envolve a construção de perfis pessoais a partir da análise automatizada de grandes quantidades dados coletados acerca de um indivíduo ou de um grupo, com o objetivo de se tomar uma decisão em relação ao sujeito perfilado (por exemplo, enviar um anúncio direcionado ou aprovar ou negar crédito).*

Assim como a maioria das tecnologias, observam-se ganhos importantes com essa prática, principalmente em termos de eficiência e eficácia de análises preditivas para o mercado. Porém, seu uso irrestrito pode significar importantes efeitos prejudiciais ao desenvolvimento da vida privada dos indivíduos, por possibilitar previsões de comportamento ou de características de um sujeito de maneira invasiva à sua privacidade e pela possibilidade de enquadramento do indivíduo em um perfil historicamente determinado, estereotipado e, potencialmente, discriminatório.

Dessa forma, multas podem ser aplicadas às empresas em duas situações: quando há o vazamento de dados e quando ocorre a utilização de dados pessoais de maneira incorreta. Quando há vazamentos, é preciso notificar as autoridades competentes e os usuários em no máximo 72 horas após o ocorrido.

De acordo com Rodrigues (2022), as multas podem chegar a 4% do faturamento global da empresa ou até 20 milhões de euros, o que for maior. No entanto, a autoridade europeia que trata da proteção dos dados segue os critérios ligados à proporcionalidade, que considera o histórico da organização e também as categorias de danos. Assim, vale mencionar que o GDPR consiste em um modelo de lei indicado para a consolidação de direções, conceitos e direitos para fundamentar a elaboração de uma lei brasileira que aborde a proteção das informações pessoais.

Exercício resolvido

O Regulamento 2016/679, intitulado *General Data Protection Regulation*, trata da proteção de informações pessoais de indivíduos singulares, assim como da circulação desses dados. Ele revogou a Diretiva 95/46/CE, que tratava do tema até então na Europa. Sobre o Regulamento 2016/679, assinale a alternativa correta:

a. Mesmo com criação do Regulamento, a troca de dados pessoais com outras empresas pode ser feita tal como era realizada antes desse evento, ou seja, quando esse intercâmbio era uma condição para que utilizassem o serviço.

b. Com o Regulamento, passou-se a exigir que proprietários de informações possam verificar facilmente como esses dados têm sido tratados, com acesso a explicações mais complexas, sem a complicada linguagem de contratos.

c. O *profiling* consiste em um modelo de negócio de publicidade no qual a proteção é relativa. Em razão dessa especificidade, o Regulamento aponta que os sujeitos que se sentem prejudicados de alguma maneira com tal instrumento não podem requerer a obtenção de dados referentes a tal processo.

d. As multas para quem descumprir o Regulamento podem chegar a 4% do faturamento global da empresa ou até 20 milhões de euros, o que for maior, sendo que esse valor varia de acordo com o princípio da proporcionalidade, que considera o histórico da organização e também as categorias de danos.

Gabarito: d

> **Feedback do exercício em geral:** Com o Regulamento, a troca de dados pessoais com outras empresas não pode ser feito de modo igual ao que era realizado antes da criação desse diploma legal, ou seja, quando esse intercâmbio era condição para que os consumidores utilizassem o serviço. Com o Regulamento, passou-se a exigir que proprietários de informações possam verificar facilmente como esses dados têm sido tratados, com acesso a explicações mais simplificadas, sem a complexa linguagem de contratos. O *profiling* consiste em um modelo de negócio de publicidade no qual a proteção é relativa. Com isso, o Regulamento garante que os sujeitos que se sentem prejudicados de alguma maneira com tal instrumento possam requerer dados referentes a tal processo. As multas para quem descumprir o regulamento podem chegar a 4% do faturamento global da empresa ou até 20 milhões de euros, o que for maior, valor que varia de acordo com o princípio da proporcionalidade, que considera o histórico da organização e as categorias de danos.

6.2 Marco Civil da Internet

O Marco Civil da Internet, como é conhecida a Lei n. 12.965, de 23 de abril de 2014 (Brasil, 2014), foi consolidado após consulta pública realizada na internet no ano de 2009. Esse instrumento passou por revisão e controle dos mais variados setores da sociedade, tais como comunidades técnicas, ativistas, organizações da sociedade civil e empresas. Por se referir a assuntos ligados às tendências de inovação e tecnologia, conceitos que se transformam de modo rápido, manteve-se seu caráter principiológico de modo a evitar sua obsolescência.

Ao longo de sua tramitação, o instrumento legal, ainda como um projeto de lei, tinha um caráter repressivo, uma conotação criminal que propunha punição para inúmeras ações. Por exemplo, o projeto indicava que pessoas que transferissem mídias de um DVD para outros dispositivos sem autorização poderiam ser presas por até 4 anos. No entanto, depois de inúmeras deliberações, optou-se por adotar uma linha de marco regulatório civil.

O texto da lei foi sancionado na Conferência NetMundial, realizada no Brasil em 23 de junho de 2014, após sanção da então presidente Dilma Rousseff. No ano de 2016, foi feita sua regulamentação após outras quatro consultas acerca de seus termos, eventos conduzidos pela Agência Nacional de Telecomunicações (Anatel), pelo Comitê Gestor da Internet e pelo Ministério da Justiça, que realizou duas consultas. Desse modo, o Marco Civil da Internet passou a tratar da responsabilidade civil dos provedores de aplicação e de conexão, bem como da neutralidade da rede.

Conforme Barbosa (2015, p. 8),

> As discussões sobre a neutralidade de rede estão presentes de forma intensa nas discussões globais, regionais e locais sobre políticas para a Internet, em especial nas discussões sobre governança e regulação da Internet. O tema neutralidade de rede também é importante porque permeia questões relacionadas a direitos e liberdades dos indivíduos, democratização dos meios de comunicação e liberdade de expressão, que geralmente são centrais para diversas organizações da sociedade civil e de defesa dos consumidores. Essas discussões, sejam elas realizadas no ambiente acadêmico, empresarial ou social, são

comumente marcadas por polêmicas que muitas vezes levam aqueles que a discutem a polarizar posições. Essas disputas acabam por desaguar em determinado momento na política. Foi assim no Brasil quando, em 2011, o governo levou a discussão sobre princípios, garantias, direitos e deveres para o uso da Internet no país para o Congresso Nacional, por intermédio do Marco Civil da Internet.

No que tange à neutralidade da rede, o ponto primordial da definição jurídica desse conceito se refere diretamente ao objetivo de garantir que a internet permaneça aberta, adotando-se, assim, uma "estrutura em ampulheta". Conquistou-se nesse caso a isonomia nos tratamentos dos pacotes de informações, que não devem ser discriminados de modo injustificado pelos operadores de tráfego, sejam privados, sejam públicos. Isso significa que a neutralidade da rede, definida do ponto de vista jurídico no Brasil, é aplicável apenas para o tráfego de informações que existe sobre a rede.

Para saber mais

A neutralidade da rede pressupõe discussões complexas, presentes em todos os diálogos acerca das políticas destinadas à internet. Com o Marco Civil da Internet, intensificaram-se ainda mais os debates sobre a temática, especialmente no que se refere aos deveres, direitos, garantias e princípios relacionados à utilização da internet no Brasil. Para saber mais sobre o tema, leia o seguinte artigo:

> DEL BIANCO, N. R.; BARBOSA, M. M. O Marco Civil da Internet e a neutralidade de rede: dilemas, debates e impasses relacionados a este princípio na tramitação do projeto de lei. **Revista Eptic**, v. 17, n. 1, p. 5-19, jan./abr. 2015. Disponível em: <https://seer.ufs.br/index.php/eptic/article/view/3340/pdf>. Acesso em: 16 ago. 2022.

Na sequência, trataremos do conteúdo do art. 3º da Lei n. 12.965/2014, que trata especificamente da utilização da internet no Brasil. Entre os pontos privilegiados no referido artigo e nesse diploma legal como um todo, destacamos os seguintes:

- » Liberdade nos modelos de negócio que se utilizam da internet para a sua divulgação, que não podem entrar em conflito com outros princípios que são devidamente estipulados na lei.
- » Garantia de preservação da natureza participativa de toda a rede.
- » Responsabilização dos agentes envolvidos, considerando-se suas atribuições.
- » Garantia da funcionalidade, da segurança e da estabilidade da rede por meio da implementação de medidas técnicas que equivalem aos padrões internacionais concomitantemente com a estimulação da utilização de boas práticas.
- » Garantia e preservação da neutralidade de toda a rede.
- » Proteção das informações pessoais.
- » Proteção da privacidade dos usuários.
- » Garantia da manifestação do pensamento, da comunicação e da liberdade de expressão, respeitando-se os preceitos estipulados na Constituição Federal.

Ao se analisar o texto da lei, percebe-se que o Marco Civil promoveu a separação de proteção de dados pessoais e da privacidade, mesmo que esses conceitos apresentem uma íntima relação. Por meio desse instrumento normativo, mais especificamente em seu art. 7º, podemos apontar quais são os direitos dos usuários, indispensáveis para o exercício da cidadania. Entre os direitos desses indivíduos, destacam-se (Brasil, 2014):

» Inviolabilidade da vida privada e da intimidade, que, caso seja comprometida, pode demandar indenização por danos morais ou materiais.
» Sigilo e inviolabilidade de informações trocadas entre usuários, exceto no caso da existência de ordens judiciais.
» Sigilo e inviolabilidade das informações guardadas por usuários, exceto no caso da existência de ordens judiciais.
» Não interrupção dos serviços de internet, exceto quando há um débito diretamente associado ao seu uso.
» Garantia da manutenção da qualidade da conexão contratada.
» Obtenção de informações completas e claras acerca de contratos de prestação de serviço firmados, nos quais devem ser detalhados parâmetros do regime de proteção dos registros de acesso e de conexão com a internet, assim como práticas ligadas ao gerenciamento de redes que podem impactar sua qualidade.
» Não publicação ou fornecimento de dados pessoais para outrem, especialmente aplicações de internet, registros de acesso e de comunicação, exceto quando houver consentimento entre as partes.
» Obtenção de dados completos e claros acerca da proteção, tratamento, armazenamento, uso e coleta de dados pessoais que podem ser empregados mediante determinados

fins que estejam bem definidos nos termos de utilização e de aplicação da internet, nos contratos de prestação de serviço que não sejam contra a legislação vigente e que justifiquem seu processo de coleta.

» Acessibilidade fundamentada nas características mentais, intelectuais, sensoriais, perceptivas e físico-motoras dos indivíduos.

» Clareza e publicidade acerca de políticas de uso de aplicações e provedores de internet.

» Aplicação da defesa e das normas para proteger os consumidores nas relações de consumo realizadas na internet.

» Completa exclusão das informações pessoais que forem para aplicação específica na internet quando findo um contrato entre as partes, exceto quando a lei determina o armazenamento obrigatório de tais elementos.

» Consentimento expresso acerca do tratamento, armazenamento, uso e coleta das informações pessoais, devendo ser destacado de outras cláusulas firmadas em contrato.

Mesmo com a preferência do legislador pela defesa do usuário, nota-se a ausência de transparência referente aos procedimentos de armazenamento de informações pessoais por parte das organizações que atuam com a internet, lacuna que também não está plenamente contemplada no Marco Civil. Nesse contexto, podemos apontar outras críticas ao documento, como o reducionismo com o qual vêm sendo tratadas as questões ligadas à privacidade. Também merecem atenção os eventos ligados à modernidade líquida, que não são solucionados por meio de conceitos dependentes da territorialidade, como consta no Marco Civil. Outro ponto importante diz respeito ao modo como é realizada a fiscalização das práticas estipuladas na lei por parte das organizações.

> **Importante!**
>
> Vale mencionar que o art. 8º da Lei 12.965/2014 permite que as cláusulas contratuais possam ser anuladas caso ocorra a violação dos direitos de liberdade de expressão e de privacidade no processo comunicacional. Esses elementos são indispensáveis para o pleno exercício do direito de acesso à internet. Posto isso, as cláusulas contratuais podem ser invalidadas caso o contrato firmado entre as partes não tenha a cláusula na qual se estabelece que o contratante deve adotar o foro nacional para resolver quaisquer problemas ligados ao serviço prestado no país e caso haja a violação do sigilo dos dados comunicacionais privados.

Diante disso, evidencia-se a existência de algumas limitações relacionadas com o processo de verificação jurídica e técnica da questão da nulidade, uma vez que os consumidores não conseguem acessar os mecanismos empregados pelas empresas de internet. Ademais, não se verifica uma definição clara de quem é o agente responsável por regular as conformidades nas cláusulas. De acordo com a Lei n. 12.965/2014,

> Art. 10. A guarda e a disponibilização dos registros de conexão e de acesso a aplicações de internet de que trata esta Lei, bem como de dados pessoais e do conteúdo de comunicações privadas, devem atender à preservação da intimidade, da vida privada, da honra e da imagem das partes direta ou indiretamente envolvidas.
>
> § 1º O provedor responsável pela guarda somente será obrigado a disponibilizar os registros mencionados no caput, de forma autônoma ou associados a dados pessoais ou a outras informações que possam contribuir para a

identificação do usuário ou do terminal, mediante ordem judicial, na forma do disposto na Seção IV deste Capítulo, respeitado o disposto no art. 7º.

§ 2º O conteúdo das comunicações privadas somente poderá ser disponibilizado mediante ordem judicial, nas hipóteses e na forma que a lei estabelecer, respeitado o disposto nos incisos II e III do art. 7º.

§ 3º O disposto no caput não impede o acesso aos dados cadastrais que informem qualificação pessoal, filiação e endereço, na forma da lei, pelas autoridades administrativas que detenham competência legal para a sua requisição.

§ 4º As medidas e os procedimentos de segurança e de sigilo devem ser informados pelo responsável pela provisão de serviços de forma clara e atender a padrões definidos em regulamento, respeitado seu direito de confidencialidade quanto a segredos empresariais. (Brasil, 2014)

A importância do cuidado com o manuseio e o armazenamento de informações acerca do registro dos usuários relaciona-se à necessidade de resguardá-los dos pontos de vista material e formal. Com isso, sem procedimentos de segurança, não é possível obter medidas protetivas do ponto de vista jurídico. Nesse sentido, ainda conforme a Lei n. 12.965/2014,

Art. 11. Em qualquer operação de coleta, armazenamento, guarda e tratamento de registros, de dados pessoais ou de comunicações por provedores de conexão e de aplicações de internet em que pelo menos um desses atos ocorra em território nacional, deverão ser obrigatoriamente respeitados a legislação brasileira e os direitos à privacidade, à proteção dos dados pessoais e ao sigilo das comunicações privadas e dos registros.

§ 1º O disposto no caput aplica-se aos dados coletados em território nacional e ao conteúdo das comunicações, desde que pelo menos um dos terminais esteja localizado no Brasil.

§ 2º O disposto no caput aplica-se mesmo que as atividades sejam realizadas por pessoa jurídica sediada no exterior, desde que oferte serviço ao público brasileiro ou pelo menos uma integrante do mesmo grupo econômico possua estabelecimento no Brasil.

§ 3º Os provedores de conexão e de aplicações de internet deverão prestar, na forma da regulamentação, informações que permitam a verificação quanto ao cumprimento da legislação brasileira referente à coleta, à guarda, ao armazenamento ou ao tratamento de dados, bem como quanto ao respeito à privacidade e ao sigilo de comunicações.

§ 4º Decreto regulamentará o procedimento para apuração de infrações ao disposto neste artigo. (Brasil, 2014)

Nota-se que o art. 11 do Marco Civil da Internet faz uma alusão aos preceitos definidos em seu art. 7º, em que se reiteram seus princípios. Já no art. 12, são estabelecidas algumas sanções que podem ser aplicadas por autoridades extrajudiciais e judiciais de modo que os arts. 10 e 11 possam ser cumpridos, sendo elas:
» proibição das atividades;
» suspensão temporária;
» multa;
» advertência.

As penalidades citadas podem ser aplicadas de modo individual ou cumulativo; além disso, não se exclui a aplicação de sanções administrativas, criminais e cíveis. Para complementar o que está apresentado nos artigos da Lei n. 12.965/2014 que tratam da coleta de informações, destaca-se o Código de Defesa do Consumidor – CDC (Lei n. 8.078, de 11 de setembro de 1990), especialmente em seu art. 43, que aborda de modo geral o tema (Brasil, 1990). Assim, o CDC trabalha de maneira integrada com o Marco Civil quando é preciso tratar de situações cabíveis referentes à internet. De acordo com esse diploma legal, os consumidores têm acesso pleno a dados existentes sobre eles em registros, fichas e cadastros, bem como às suas fontes.

> **Importante!**
>
> Cabe questionar se é válido o propósito de garantir a privacidade dos usuários de internet, especialmente em relação à sua eficiência quanto à possibilidade de fraudes que podem afetar de modo significativo o tratamento de informações de usuários. Mesmo que o texto legal tenha estabelecido normas proibitivas sobre a cessão dos chamados *registros de conexão* guardados pelos provedores de acesso à internet, nota-se que há ainda inúmeras questões acerca do controle e fiscalização de seu destino; a razão disso é que não existe no Brasil uma legislação específica que se destina ao tratamento de dados. No entanto, destaca-se que isso deveria ter sido colocado mesmo antes de se aprovar o Marco Civil.

No que tange ao art. 23 do Marco Civil, que trata dos dados em juízo, é preciso que haja a semelhança entre os princípios apontados na lei, pois assim se evita a exposição inadequada do ofensor e do ofendido. Desse modo, garante-se que os dados permanecerão restritos e serão utilizados apenas para a fundamentação de teorias processuais.

Além do CDC, devemos citar o *habeas data*, previsto na Lei n. 9.507, de 12 de novembro de 1997, bem como o art. 5º, inciso LXXII, da Constituição Federal. Por meio desses instrumentos, garante-se a proteção da privacidade no que se refere às informações ou dados que apresentam caráter público, mesmo não havendo nenhuma referência a isso na Lei n. 12.965/2014. Desse modo, como explicamos anteriormente, o Marco Civil da Internet contempla alguns princípios e dispositivos com algumas lacunas: a falta de um diploma legal que trate exclusivamente da proteção dos dados é um problema que fere de maneira direta o princípio constitucional da vida privada e da intimidade. Percebe-se ainda que existe certa carência relacionada à clara e correta delimitação das ações e atividades permitidas mediante aprovação dos consumidores.

Vale apontar que o Marco Civil da Internet é um dos principais instrumentos brasileiros que tratam do tema. Contudo, como citado anteriormente, existem outros projetos de lei que procuram suprir as lacunas dessa importante medida nacional.

6.3 Crimes virtuais

Assim como os crimes comuns, as práticas de crimes virtuais também evoluíram. Graças ao avanço tecnológico, surgiram inúmeras maneiras de executá-los, tornando-os mais populares. Com a elevação da quantidade de usuários da internet, fica mais difícil apontar com precisão os agentes que cometem crimes na rede mundial de computadores. Sobre esses crimes, Aragão (2015, p. 60-61) destaca que

> *Outras nomenclaturas são amplamente usadas na literatura para se referir a esses crimes, taxando-os de*

informáticos, e-crimes, hi-tech, *eletrônicos, digitais ou virtuais. Prefere-se adotar o termo crimes cibernéticos, que foi consagrado pela Convenção de Budapeste, um tratado internacional de Direito Penal e Processo Penal firmado no âmbito no Conselho da Europa para definir de forma harmônica os crimes praticados por meio de computadores e as formas de sua persecução. Apesar de o Brasil não ter aderido ao mencionado instrumento de regulamentação e cooperação internacional, principalmente por não ter participado dos debates que culminaram no seu texto final, é importante seguir alguns parâmetros internacionais sobre o tema, em especial porque para esse tipo de delito as distâncias e as barreiras físicas territoriais de cada nação não impedem sua prática.*

Vale mencionar que esse tema é relativamente novo e que a definição do termo *crime virtual* é recente quando comparada com a dos crimes tradicionais. Pode-se apontar que se trata de atividades criminosas que afetam dados e podem abranger até as infrações de *copyright* ou de conteúdo. Esse tipo de iniciativa pode ser mais ampla e envolver atividades como assédio na internet, pornografia infantil, acesso não autorizado e fraude. Observa-se então um crime que parte do meio virtual, ou seja, de redes de computadores ou de computadores individuais, que atuam como o meio ou o elemento-chave para o cometimento do crime.

> **O que é**
>
> *Copyright* consiste em um modo de proteção de materiais que apresentam direitos autorais, conferindo-se o direito de propriedade a quem emprega o próprio intelecto para a elaboração de um produto inovador e único. Com isso, os autores podem distribuir e utilizar o que desenvolveram do modo que lhes for conveniente. O principal objetivo dessa ferramenta é propiciar a criação de conteúdo útil em qualquer formato para que não se prejudiquem os cidadãos de modo geral. Existe lei de direitos autorais que protege o que foi criado até mesmo após a morte de quem o desenvolveu, desde que o vínculo com seu criador seja devidamente comprovado.

Justiniano (2017, p. 33), ao discorrer sobre os crimes cibernéticos, afirma:

> *São considerados crimes cibernéticos próprios aqueles que têm o sistema computacional como fim da conduta ilícito-típica. Estes, sim, exigem legislação especial, pois se configuram como novos tipos penais. A Internet, os computadores e o ciberespaço [...] são tecnologias extremamente recentes na história da humanidade, datadas de cerca de apenas duas décadas. E no caso do Brasil, no que remete a leis que regulam, tipificam e esclarecem quais são esses crimes e determine suas penas, notamos uma extrema carência.*
>
> *Outrora, para tratar, por exemplo, da invasão de um computador, não havia legislação, visto que o nosso Código Penal é de 1940, quando os computadores ainda não existiam. Portanto, não poderiam ser considerados como bens jurídicos demandantes de proteção jurídica. A Lei*

nº 12.737, de 30 de novembro de 2012, veio suprir essa lacuna e previu o crime de "invasão de dispositivo informático", quando inseriu o Artigo 154-A, no Código Penal.

Nesse sentido, as ações contra sistemas informatizados, considerando-se como subespécies atos contra os programas, os dados e o computadores em si, são consideradas cibercrimes. Há ainda os atos cometidos por meio de sistemas de informática em que há infrações que vão contra o patrimônio, a propriedade imaterial e a liberdade individual. Assim, os crimes virtuais são aqueles que se dão por intermédio de meios virtuais, por meio dos quais se praticam atos ilegais que consistem na criação de novos delitos ou na execução de crimes já existentes.

Executando os procedimentos supracitados, os agentes passam a exercer a conduta culpável, antijurídica e típica; configuram-se, assim, os elementos do crime, devendo-se penalizar devidamente esses indivíduos por sua conduta. Isso também é válido para aqueles indivíduos que praticam o ato no ambiente virtual. Usualmente, considera-se que os cibercriminosos são os sujeitos que apresentam um conhecimento amplo em informática, o que lhes permite acessar dispositivos ou computadores. É importante mencionar que os criminosos virtuais podem ser *hackers* ou, ainda, cidadãos comuns que, por meio de sua conduta na internet, cometem outros crimes de modo intencional ou não contra os demais utilizadores virtuais.

Há diversas classificações doutrinárias que tratam dos cibercrimes. Uma muito comum os estratifica em quatro categorias, descritas no Quadro 6.1, a seguir.

Quadro 6.1 – Categorias de cibercrimes

Mediatos	Delitos praticados com o objetivo de atingir outra finalidade que será colocada em prática na vida real (p. ex.: sujeitos que se utilizam dos crimes virtuais para a obtenção de informações para adquirir dados das vítimas, utilizando tal elemento para retirar fundos de conta-corrente).
Mistos	Delitos em que os agentes adotam o computador para gerar resultados reais de modo a ofender o espaço real ou o mundo físico, lesando ou ameaçando outros bens. Há aqui os casos mais complexos nos quais a legislação atua protegendo mais de um bem jurídico, isto é, um distinto e outro informático.
Impróprios	Prática com o auxílio do computador na qual se executam condutas que foram previamente tipificadas pelo ordenamento jurídico como sendo ilícitas. Utiliza-se a internet como um novo instrumento para a realização de crimes antigos, como tráfico de drogas e pedofilia.
Próprios	Delitos em que os indivíduos adotam ferramentas eletrônicas para cometer crimes específicos, isto é, os crimes dependem exclusivamente dos computadores para serem consumados, pois esse recurso é inerente à prática do delito. Os crimes virtuais próprios mais frequentes são os ataques de *malwares* e de vírus.

Os crimes virtuais são eventos que ocorrem de duas maneiras distintas: 1) por meio da execução de atos de usuários contra outros agentes que já foram tipificados pelo Código Penal; 2) quando se deseja obter informações com objetivos criminosos. Os métodos mais comuns usados por criminosos são:

» *phishing*;
» engenharia social;
» *trojan*;
» *sniffers*;
» *cyberbullying*;
» crimes contra a honra.

O *phishing* é uma das técnicas mais empregadas em crimes na internet. Nessa categoria, realiza-se a seleção (ou "pesca") de vítimas. Os criminosos enviam mensagens e *e-mails* não solicitados a terceiros, incentivando-os a realizar diversas atividades e procedimentos (p. ex.: preenchimento de falsos formulários; *download* de *malwares*; acesso a páginas falsas, entre outros). Com o acesso, o invasor obtém dados relevantes que lhe permitem acessar contas bancárias ou então chantagear as vítimas.

A **engenharia social** é um método usado para explorar a vítima utilizando a persuasão ou a enganação. Assim, os criminosos desenvolvem suas práticas partindo do medo, da curiosidade ou da confiança das pessoas, condições que lhes possibilitam obter dados relevantes sobre os sujeitos ou ainda realizar ações em benefício próprio. Nessa modalidade, os agressores atuam fingindo ser uma instituição, um profissional ou indivíduos com certa familiaridade com a vítima, enviando mensagens e *e-mails* de modo a conseguir sua confiança, fazendo-a acreditar que a circunstância criada é verídica.

O *trojan*, ou **cavalo de Troia**, consiste em um material com aparente fonte segura que, na realidade, conta com elementos maliciosos que tendem a se espalhar pelo computador por meio da execução de arquivo ou programa ou acesso a ele. Um dos grandes problemas dessa ameaça é o modo como esse material se instala nos computadores, normalmente por meio de protetores de tela, jogos, entre outros recursos perfeitamente executados, fazendo com que as vítimas não saibam da existência do problema. Em paralelo, são realizadas funções como *keyloggers*, que reproduzem tudo o que é digitado, *printscreens* das telas etc.

Os **sniffers** são programas empregados para analisar determinados problemas e monitorar a troca de informações, o que significa que, se empregados licitamente, não são maliciosos. No entanto, esses *softwares* possibilitam a captação de todos os dados que trafegam por eles, especialmente usuários e senhas não criptografados. É possível instalá-los facilmente em dispositivos que estejam devidamente conectados a redes abertas, viabilizando aos *hackers* a espionagem do tráfego de redes, a coleta de dados dos usuários e o roubo de informações para obter dados de contas bancárias, como senhas. Tais elementos, quando não autorizados, dificilmente são detectáveis, o que torna o perigo ainda mais elevado, pois os usuários não notam que estão sendo espionados por terceiros.

O **cyberbullying** consiste na prática do tradicional *bullying* (violência psicológica ou física provocada de maneira intencional e repetida), porém, nessa situação, as agressões ocorrem no âmbito virtual por meio de *smartphones*, *tablets* e computadores. De acordo com Brasileiro (2016, p. 106-107),

> *o CB [cyberbullying] é uma forma de violência cujo alcance é abrangente. Mais de um quinto dos jovens relata já terem se envolvido em situação de intimidação sistemática feita através do ambiente virtual [...] mesmo sem possuir um consenso sobre a conceituação exata, identifica-se o CB como uma forma de violência, cujas consequências atingem não apenas as vítimas, mas todos os envolvidos na sua prática. Agressores e audiência, mesmo que em longo prazo, sofrem com as consequências e desenvolvem comprometimentos que atingem a saúde e a vida social. A investigação empírica, portanto, abrange o rol dos atingidos pelo CB e as formas como esses comprometimentos se apresentam, demonstrando o quão gravoso é esse tipo de violência. [...] o fenômeno possui*

uma complexidade no que diz respeito às causas. Muitos fatores, de natureza pessoal, familiar, escolar e social, estão associados ao surgimento do CB e, pode-se dizer que por se tratar de uma forma de violência, a complexidade causal é uma característica muito forte. Nesse sentido, é necessário ter em mente que identificar e propor ações de enfrentamento contra o CB não é uma tarefa simples e precisa considerar múltiplos aspectos.

No *cyberbullying*, os criminosos usualmente são protegidos pelo anonimato, o que encoraja as ações virtuais. O principal problema ligado ao *bullying* virtual, bem como a outros crimes cometidos na internet, diz respeito à dificuldade de apagá-los pela elevada dificuldade em identificar por onde as informações passaram e quais foram os agentes. Além disso, esse crime pode ser cometido a qualquer momento, pois não é preciso que o agressor esteja diante da vítima.

Já os crimes **contra a honra** estão relacionados às mais variadas formas de invasão de computadores com o fim de gerar danos a esses dispositivos e afetar seus usuários. Nesse sentido, vale apontar que o ser humano passou a sofrer diretamente com os avanços tecnológicos, tornando-se mais suscetível e frágil em relação ao cometimento de crimes. Ações como difamar e caluniar a imagem de terceiros também são consideradas crimes virtuais quando são utilizados computadores para sua prática.

Vale mencionar que os crimes contra a honra são contemplados no Código Penal, podendo ser caracterizados sob os pontos de vista objetivo e subjetivo. A honra objetiva tem origem no juízo de terceiros; por isso, quando é atacada, afeta o modo como a pessoa é enxergada pelos outros.

Exercício resolvido

Os crimes virtuais evoluíram de maneira significativa graças aos avanços tecnológicos, culminando em novas práticas que prejudicam as pessoas. Os criminosos passaram a aproveitar as brechas existentes e a falta de conhecimento dos indivíduos. Nesse contexto, é difícil identificar com precisão os principais agentes que cometem crimes na internet. Acerca desse assunto, marque a alternativa correta:

a. O *cyberbullying* consiste em programas empregados para analisar determinados problemas e monitorar a troca de informações, o que significa que não são utilizados de forma maliciosa.

b. O *sniffer* é um material que aparenta ter uma fonte segura, mas que na realidade apresenta elementos maliciosos que tendem a se espalhar pelo computador por meio da execução de arquivo ou programa ou acesso a ele.

c. O cavalo de Troia é a ação intencional em que um sujeito se utiliza de tecnologias comunicacionais e da informação para reprimir, diminuir, difamar ou hostilizar o outro.

d. O *phishing* é uma das técnicas mais empregadas em crimes na internet e, nesse caso, os criminosos enviam mensagens e *e-mails* não solicitados para terceiros, incentivando-os a desenvolver diversas atividades.

Gabarito: d

***Feedback* do exercício em geral**: Os *sniffers* são programas empregados para analisar determinados problemas e ainda monitorar a troca de informações; se utilizados de maneira lícita, não são maliciosos. O cavalo de Troia consiste em um material que aparenta ter uma fonte segura, mas que conta com elementos maliciosos que tendem a se espalhar pelo computador ao se executar ou abrir um arquivo ou programa. O *cyberbullying* é a ação intencional em que um sujeito se utiliza de tecnologias comunicacionais e da informação para reprimir, diminuir, difamar ou hostilizar o outro. O *phishing* é uma das técnicas mais empregadas para cometer crimes na internet; nesse caso, os criminosos enviam mensagens e *e-mails* não solicitados para terceiros, incentivando-os a desenvolver diversas atividades.

A honra subjetiva, por sua vez, consiste no modo como uma pessoa enxerga a si própria; em outras palavras, é como o indivíduo alimenta sentimentos de grandeza em relação a si mesmo por meio dos próprios valores. Quando se fere a honra subjetiva, afeta-se o modo como o indivíduo enxerga a si próprio. Um exemplo comum desse crime é a divulgação de vídeos ou fotos particulares de uma pessoa sem seu consentimento, de maneira a expô-la e constrangê-la por vingança. Casos comuns são as chamadas *vinganças do mouse*, nas quais ex-parceiros divulgam vídeos e fotos sexuais das pessoas com as quais se relacionaram ou ainda por questões de preconceito e ódio.

6.4 Computação forense

A computação forense consiste em uma ciência voltada à investigação criminal aplicada a determinados sistemas digitais. É empregada por meio de métodos científicos e técnicos para documentar, interpretar, analisar, identificar, validar, coletar e preservar todas as evidências a fim de lhes conferir a veracidade probatória em juízo. Essa ciência está ligada à investigação dos crimes cibernéticos, fundamentada na aquisição de informações que levem a evidências digitais e possibilitem a proteção da integridade desses dados.

Os agentes que atuam nesse campo precisam tomar uma série de cuidados, uma vez que há regras a serem seguidas para que as ações sejam críveis. Os profissionais que trabalham nessa área são responsáveis por desenvolver laudos periciais detalhados em que devem constar todos os achados em uma perícia, retratando, assim, os elementos que foram encontrados durante a investigação.

Embora o uso de computadores não seja algo recente nas investigações criminais, nota-se que a legislação nacional ainda não está completamente apta a tipificar as modalidades específicas relacionadas aos crimes cibernéticos. Vale apontar que a legislação nacional demanda inúmeras ações para o avanço na área, sendo importante distinguir quando os computadores são empregados somente como um meio para a execução do crime e quando são usados como instrumentos para apoiar os delitos convencionais, pois o uso de determinado dispositivo diz respeito ao *modus operandi*. Desse modo, em diversas situações, a realização de exames forenses em tais equipamentos ajuda o juiz a proferir a sentença, visto que dispõe de provas técnicas consistentes, que retratam na prática o que de fato ocorreu.

De acordo com Reis (2022), a utilização de dispositivos computacionais como ferramenta para apoiar os crimes tradicionais equivale a aproximadamente 90% de todos os exames forenses feitos no campo da informática (podem-se excluir desse parâmetro as investigações feitas em *smartphones*). Os computadores são o elemento central para que o crime ocorra. Se tal componente não existisse, provavelmente não haveria esse tipo de crime. Posto isso, apesar de o avanço no campo da inovação ser algo benéfico para a humanidade, muitos se aproveitam disso para conduzir práticas criminosas e ilegais. Segundo Peixoto (2012, p. 50-51),

> *Como decorrência de haver computadores (eventualmente embutidos em outros dispositivos) em toda parte, eles têm sido usados, ora como meio para a prática, ora como alvo de crimes. Cabe à área da computação forense analisar esses equipamentos na busca de evidências de tais crimes. É necessário, contudo, retroceder ao tempo em que os equipamentos eram mais simples a fim de compreender a sua estrutura fundamental e assim determinar os ramos de atuação da computação forense, bem como compreender as possibilidades e limites da área. Um sistema computacional é basicamente um ambiente que recebe solicitações de um usuário, realiza um processamento e mostra resultados (utilizando equipamentos auxiliares). Nas etapas de processamento, o sistema faz uso de memórias de armazenamento de dados. Pode também o usuário solicitar armazenamento de dados (para algum processamento posterior) evitando a entrada repetida e interromper trabalhos para continuação posterior. [...] Analisar dados armazenados em dispositivos eletrônicos é mais complexo do que parece. Primeiro porque os dados são armazenados por programas e, assim sendo, um simples texto, como o desta página, pode ser armazenado*

de várias formas, incluindo cifras e compactações que o tornam completamente ilegíveis às pessoas quando lidos sem o prévio processamento pelo software apropriado. Recuperar os dados em forma apresentável pode ser um grande desafio.

É preciso mencionar que o art. 158 do Código de Processo Penal (Brasil, 1941) estabelece que, quando as infrações cometidas deixam vestígios, é primordial a realização de um exame de corpo de delito indireto ou direto, não sendo suprimida pela confissão do réu, o que evidencia a necessidade de que haja agentes qualificados responsáveis por gerar laudos após o exame dos vestígios. Tais laudos são essenciais para a apuração de delitos, conforme apontado nos arts. 159 e 160 do mesmo diploma legal. Desse modo, o exame de corpo de delito e demais perícias precisam ser conduzidos por um perito oficial devidamente habilitado (portador de diploma de curso superior), o qual deve elaborar laudo que aponte de modo minucioso o que foi observado durante as análises. Vários profissionais podem atuar como peritos criminais, porém promotores, delegados, advogados e juízes precisam ter conhecimento sobre a temática para entenderem o processo de apresentação, apuração e coleta de evidências.

> **Importante!**
>
> Conforme a **teoria de Locard**, que corresponde a um dos princípios básicos da computação forense, qualquer coisa ou pessoa que adentra no local em que ocorre um crime tende a levar consigo algo relacionado ao local e também a deixar ao sair um rastro do que foi feito ali. Essa teoria ainda é amplamente considerada no mundo virtual, entendendo-se que quaisquer alterações em sistemas operacionais geralmente deixam rastros. Esses rastros podem ser identificados mais ou menos facilmente, sendo possível segui-los para tentar encontrar o responsável por cometer um crime, por exemplo. Em algumas situações, as análises forenses costumam ser mais demoradas e complexas, o que requer a criação de novas tecnologias para encontrar possíveis evidências a fim de comprovar o cometimento do crime, bem como apontar com precisão quem o cometeu.

> **Para saber mais**
>
> A computação forense consiste em um campo da ciência responsável por investigar possíveis incidentes relacionados aos computadores empregados no auxílio ou na execução propriamente dita de delitos. Com base nessa ciência, podem-se apontar a autoria, a materialidade e a dinâmica dos delitos cometidos com o auxílio de computadores para entender como ocorreram de forma mais precisa. Para saber mais sobre o tema, leia o seguinte artigo:
>
> DUARTE, L. M. C. **Forense computacional em ambiente de rede baseado na geração de alertas de sistemas de detecção de intrusos auxiliado pela engenharia dirigida por modelos.** 114 f. Dissertação (Mestrado em Engenharia da Eletricidade) – Universidade Federal do Maranhão, São Luís, 2012. Disponível em: <https://tedebc.ufma.br/jspui/bitstream/tede/498/1/Dissertacao%20Liana%20Mara.pdf>. Acesso em: 16 ago. 2022.

A busca por evidências é importante para a obtenção e o exame de algum vestígio que possa vir a ser convertido em prova para indicar alguma modificação em sistemas de computadores e arquivos ou ainda para constatar invasões. Essa atividade pode ser feita com a ajuda de programas específicos que facilitam o trabalho dos peritos. Entre os *softwares* mais empregados, destacam-se:

- » *scanners*;
- » analisadores de *logins*;
- » ferramentas de clonagem;
- » analisadores de pacotes;
- » analisadores de discos.

É comum que os programas se encontrem presentes em sistemas operacionais desenvolvidos especialmente para suprir as demandas das análises forenses. É preciso frisar que vários procedimentos podem ser executados com esses dispositivos. Entre os processos mais usuais, destacam-se:

» análises em partes distintas que integram sistemas operacionais (Windows, Unix e Linux, por exemplo);
» estudos acerca de *logs* em arquivos dos sistemas;
» análises em códigos constituintes dos programas;
» compreensão de paradas em processos;
» análises de memórias dotadas de instruções acerca de endereços no formato hexadecimal.

Nesse sentido, alguns processos formais são empregados na coleta das informações. Eles devem seguir uma metodologia para obter provas considerando-se as normas legais. Diante disso, recomenda-se que uma investigação forense se inicie pela obtenção das informações e que posteriormente se realizem as seguintes tarefas:

» identificação;
» preservação;
» análise;
» apresentação das informações.

Entre os mais diversos fatores relacionados ao caso, é indispensável a **identificação** precisa das conexões mais importantes, como instituições, autarquias, órgãos públicos, empresas, nome de pessoas e datas. Os discos rígidos presentes nos computadores apresentam a origem de um crime depois de as informações serem recuperadas. Assim, por meio da identificação, os dados são analisados sob a ótica pericial, de modo a organizar os achados na máquina para verificar o processo ocorrido antes e depois de desligá-la.

A **preservação** consiste em uma etapa na qual se garante a legitimidade das evidências, assegurando, assim, sua posterior validade jurídica. Os processos ligados à coleta e à obtenção desses dados nos elementos lógicos e físicos devem seguir as normas e legislações vigentes. O outro envolvido no processo, na maioria das vezes, solicita a contraprova sobre os elementos físicos, por isso zelar por esses dados em seu processo de obtenção, seguindo as normas existentes a fim de evitar a invalidação da prova, é fundamental.

Já na **análise** dos dados, ocorre a separação do que interessa de fato, processo realizado depois que o perito analisa minuciosamente as fotos, os registros de *logs*, os programas suspeitos, as partes ou os tipos de arquivos deixados intactos etc. Essa etapa deve ser desenvolvida de maneira rigorosa e com base nos padrões previamente determinados, de modo a evitar que os materiais estudados sejam comprometidos, garantindo-se que eles sejam empregados como prova legítima nos processos (um simples descuido pode resultar na alteração e na invalidação dos arquivos).

A **apresentação**, por sua vez, é a fase de adequação das provas obtidas nas análises realizadas e de seu enquadramento nos padrões das leis que vigoram no local em que o processo ocorre. Isso contribui para que as provas possam ser utilizadas em processos nos âmbitos criminais ou civis. É indispensável que essa fase seja bem conduzida, uma vez que possíveis indícios que coloquem em dúvida sua integridade tendem a fazer com que os procedimentos executados sejam considerados nulos.

Exercício resolvido

Em se tratando da computação forense, existem determinados processos utilizados para coletar dados, o que requer sua formalização. Por isso, segue-se uma metodologia para a obtenção de provas legítimas contra um agente que cometeu crime. Desse modo, é necessário que nas investigações forenses o processo de coleta de dados contemple algumas tarefas. Sobre essas tarefas, assinale a alternativa correta:

a. A apresentação consiste em adequar as provas obtidas nas análises realizadas e enquadrá-las nos padrões das leis que vigoram no local do procedimento, permitindo que as provas possam ser utilizadas em processos nos âmbitos criminais ou civis.

b. A análise dos dados busca garantir a legitimidade das evidências, assegurando sua posterior validade jurídica; nesse contexto, os processos ligados à coleta e à obtenção desses dados nos elementos lógicos e físicos devem seguir as normas e legislações vigentes.

c. A preservação permite analisar, sob a ótica pericial, os dados a fim de organizar os achados na máquina e verificar o processo antes e depois de desligá-la.

d. Na identificação dos dados, ocorre a separação do que interessa de fato, processo realizado depois que o perito analisa minuciosamente as fotos, os registros de *logs*, os programas suspeitos, as partes ou os tipos de arquivos deixados intactos etc.

> Gabarito: a
> **Feedback do exercício em geral**: A apresentação consiste em adequar as provas obtidas nas análises realizadas e enquadrá-las nos padrões das leis que vigoram no local em que há sua realização, permitindo que as provas possam ser utilizadas em processos nos âmbitos criminais ou civis. A preservação busca garantir a legitimidade das evidências, assegurando sua posterior validade jurídica, sendo que os processos ligados à coleta e à obtenção desses dados nos elementos lógicos e físicos devem seguir as normas e legislações vigentes. A identificação permite analisar, sob a ótica pericial, os dados a fim de organizar os achados na máquina para verificar o processo antes e depois de desligá-la. Na análise dos dados, ocorre a separação do que interessa de fato, processo realizado depois que o perito analisa, de forma minuciosa, as fotos, os registros de *logs*, os programas suspeitos, as partes ou os tipos de arquivos deixados intactos etc.

Vale ressaltar que os peritos de computação forense precisam ter conhecimentos especializados para empregar metodologias e técnicas para que os resultados obtidos se aproximem ao máximo do que ocorreu de fato. A utilização correta dos métodos científicos é indispensável para apontar com precisão se os sistemas computacionais foram violados ou não, item indispensável para a coleta, a preservação, a restauração, a identificação, a documentação e a apresentação de evidências digitais.

Síntese

Um dos principais instrumentos que tratam da segurança e do tratamento das informações é o Regulamento 2016/679 da União Europeia.

No Brasil, o Marco Civil da Internet é o instrumento normativo que aborda a garantia da segurança e do tratamento das informações; no entanto, existem outros projetos de lei que contemplam o tema e que visam suprir as carências desse diploma legal.

Os crimes virtuais evoluíram, assim como os crimes tradicionais. Nesse contexto, os crimes cibernéticos podem ser divididos em quatro categorias básicas: os mediatos, os mistos, os impróprios e os próprios.

A computação forense é um campo que se destina a investigar crimes cometidos no âmbito dos sistemas digitais, utilizando várias técnicas e métodos científicos para obter evidências e garantir sua veracidade.

Nas investigações forenses, é indispensável que a coleta de dados comece com a obtenção das informações. Na sequência, é preciso executar atividades como a identificação, a preservação, a análise e a apresentação das informações.

Disciplina: Gestão em Segurança Privada
Capítulo 6
Estudo de caso

Texto introdutório
O presente caso refere-se a uma criança que passou por uma situação desconfortável: ao mudar seu visual, teve de enfrentar eventos constrangedores com seus colegas de classe. Esse grupo passou a discriminar a criança e fazer chacota dela. No entanto, os episódios de agressão não ocorriam de maneira explícita, uma vez que os agentes faziam uso da internet para essa prática. Diante disso, o desafio é apontar se os agentes que discriminaram a colega e zombaram dela cometeram algum crime e, em caso afirmativo, determinar qual é o delito.

Texto do caso
Maria tem 13 anos e adora uma banda de música *pop* cuja cantora tem cabelo curto. A menina, então, resolveu pedir permissão aos seus pais para cortar seu cabelo igual ao da cantora. Após muita insistência por parte da filha, seus pais, com muito receio, cederam e Maria cortou seu cabelo. Ela achou que estava muito parecida com sua cantora predileta e ficou muito feliz com seu novo visual.
Ao chegar à escola no dia seguinte, percebeu que seus colegas a olhavam de maneira diferente, mas ninguém fazia comentários sobre seu corte. Então, ela não sofreu *bullying*, uma prática que a escola recrimina e não aceita, pois sabe de seus impactos na vida das crianças. Entretanto, no final do dia, Maria percebeu que sua foto havia sido comparada com a imagem de um personagem de um seriado televisivo no grupo de WhatsApp da escola. A princípio, ela não disse nada e continuou sua rotina normalmente, mas outros memes foram enviados no grupo da sala e da escola, e esse processo foi se repetindo por vários dias, fazendo com que Maria se sentisse incomodada e chateada com a situação.
Após uma semana, os pais perceberam que a criança estava mais retraída, só ficava no quarto e chorava. Eles lhe perguntaram o que havia acontecido, mas ela optou por não relatar os eventos nem apresentar as imagens compartilhadas pelos seus colegas. Assim, seus pais acreditaram que se tratava de algum problema de saúde e a levaram ao médico. Porém, não se constatou nenhuma alteração em Maria nesse sentido. No trajeto para casa, os pais a indagaram novamente sobre o que estava acontecendo e ela, aos prantos, comentou sobre os memes virtuais e os mostrou para seus pais, que se assustaram com a situação.

No dia seguinte, eles compareceram à escola e conversaram com a diretora, que desconhecia a situação. A profissional não soube o que fazer a respeito disso, pois nada semelhante havia ocorrido ou fora relatado anteriormente. Maria contou que se sentia impotente diante da situação, pois não sabia ao certo quem estava fazendo isso. A diretora imediatamente entrou em contato com o departamento jurídico da escola para investigar o assunto, visto que não sabia se o ocorrido constituía crime e qual procedimento deveria realizar para resolver o problema.

Agora, reflita sobre a situação da diretora e de Maria, determinando se Maria foi vítima de um crime ou não. Em caso afirmativo, caracterize o crime, apontando suas particularidades e seus impactos na vida dos sujeitos.

Dica 1

O *cyberbullying* é uma forma de *bullying* relativamente nova na sociedade. Nessa modalidade, praticam-se as tradicionais formas de perseguição por meio da internet, sendo que em diversas ocasiões os sujeitos se escondem atrás dessa ferramenta. Essa prática tende a causar inúmeros prejuízos para quem a sofre, pois a exposição é global, uma vez que a rede tem alcance ilimitado. Desse modo, é necessário refletir acerca dessa temática para evitar que esse crime ocorra e cause danos permanentes nas pessoas. Veja o vídeo a seguir e reflita sobre o tema.

BRASIL ESCOLA. **Cyberbullying**: Brasil Escola. 28 mar. 2020. Disponível em: <https://www.youtube.com/watch?v=OBe1-nenr64>. Acesso em: 16 ago. 2022.

Dica 2

Cometer *cyberbullying* pode desencadear uma série de danos às vítimas, pois sua integridade é diretamente afetada. Esse fenômeno se intensificou com a era digital, na qual todos estão conectados e podem ter dados na palma das mãos. Diante disso, é importante discutir a temática a fim conscientizar a todos sobre os impactos dessa prática. Para saber mais sobre o assunto, assista ao vídeo a seguir.

OPICE BLUM, BRUNO E VAINZOF ADVOGADOS ASSOCIADOS. **Cyberbullying**: desafio real nos meios virtuais. 19 maio 2016. Disponível em: <https://www.youtube.com/watch?v=auQv4Mk2eeE>. Acesso em: 16 ago. 2022.

Dica 3
A leitura do artigo "Cyberbulling: conceituações, dinâmicas, personagens e implicações à saúde" pode auxiliar na resposta ao estudo de caso, pois o texto aponta alguns temas relevantes ligados ao *cyberbulling*. Como mencionado anteriormente, esse crime causa inúmeros impactos nos indivíduos, o que torna importante discuti-lo para conscientizar a todos sobre suas particularidades.
FERREIRA, T. R. de S. C.; DESLANDES, S. F. Cyberbulling: conceituações, dinâmicas, personagens e implicações à saúde. **Ciência & Saúde Coletiva**, v. 23, n. 10, p. 3369-3379, out. 2018. Disponível em: <https://www.scielosp.org/article/csc/2018.v23n10/3369-3379/>. Acesso em: 16 ago. 2022.

Gerenciar políticas de segurança privada é uma tarefa complexa, que requer conhecimento técnico, profissionais capacitados na área e atenção a uma série de fatores destinados à proteção de dados e interesses contra possíveis ataques cometidos por agentes não autorizados.

Tendo isso em vista, no Capítulo 1, demonstramos que a segurança da informação é um modo de se obter inteligência competitiva, por meio da qual informações relevantes acerca dos consumidores são coletadas. Ressaltamos que esses dados devem ser tratados com cuidado, a fim de não expor os cidadãos e os interesses do Estado.

Nos Capítulos 2 e 3, nosso foco foi a atuação dos órgãos e das agências de inteligência, que buscam obter e resguardar informações relevantes de modo a assegurar sua integridade, utilizando-se para isso de medidas de controle, tais como as ambientais, as lógicas e as físicas.

No Capítulo 4, evidenciamos aspectos relacionados à contrainteligência, conjunto de iniciativas de neutralização de ações de agentes externos que visam obter informações e conhecimentos sensíveis. Proteger tais elementos permite que

considerações finais

as nações cresçam e se desenvolvam, pois normalmente os dados sensíveis são informações ligadas a fatores econômicos, tecnológicos, estratégicos, entre outros.

Por sua vez, nos Capítulos 5 e 6, discutimos sobre as legislações que tratam das informações, mais especificamente sobre a falsificação e a adulteração de documentos e a segurança dos dados, respectivamente. Destacamos que falsificar e adulterar documentos são crimes previstos no Código Penal, implicando multa e reclusão para seus agentes, o que torna importante o desenvolvimento de ações e medidas coordenadas e planejadas para coibir esses delitos. Na sequência, argumentamos que a segurança das informações conta com uma legislação bem consolidada em algumas regiões do mundo, mas que, no Brasil, existem ainda diversas brechas que podem colocar em risco os usuários. Por isso, os profissionais da área devem desenvolver modos de garantir que a segurança das informações seja efetiva para evitar o vazamento de dados, situação que pode impactar negativamente as organizações, a sociedade e o Estado.

ABIN – Agência Brasileira de Inteligência. **Contrainteligência**. 22 set. 2020. Disponível em: <https://www.gov.br/abin/pt-br/assuntos/inteligencia-e-contrainteligencia/CI>. Acesso em: 16 ago. 2022.

ABNT – Associação Brasileira de Normas Técnicas. Organização Internacional de Normalização. Comissão Eletrotécnica Internacional. **NBR 27002/2013**. Rio de Janeiro, 2013.

ADÃES, M. A maturidade da segurança da informação. **TecnoAtiva**, 23 fev. 2010. Disponível em: <https://tecnoativa.wordpress.com/2010/02/23/a-maturidade-da-seguranca-da-informacao/>. Acesso em: 16 ago. 2022.

ALBUQUERQUE JUNIOR, A. E.; SANTOS, E. M. dos; ALBUQUERQUE, E. S. de. Segurança da informação em um instituto de pesquisa: uma análise utilizando a norma ISO/IEC 27002:2005. **Revista Formadores: Vivência e Estudos**, v. 7, n. 2, p. 71-89, jun. 2014. Disponível em: <https://repositorio.ufba.br/bitstream/ri/21944/1/Seguran%c3%a7a%20da%20Informa%c3%a7%c3%a3o%20em%20um%20Instituto%20de%20Pesquisa%20-%20uma%20an%c3%a1lise%20utilizando%20a%20norma%20ISO-IEC%2027002-2005.pdf>. Acesso em: 16 ago. 2022.

ALEXANDRIA, J. C. S. de. **Gestão da segurança da informação**: uma proposta para potencializar a efetividade da segurança da informação em ambiente de pesquisa científica. 193 f. Tese (Doutorado em Ciências) – Universidade de São Paulo, São Paulo, 2009. Disponível em: <https://teses.usp.br/teses/disponiveis/85/85131/tde-22092011-095831/publico/2009AlexandriaGestao.pdf>. Acesso em: 16 ago. 2022.

AMARAL, R. A. et al. Perfis de competências relativas à inteligência competitiva: um estudo exploratório no Brasil. **Ciência da Informação**, Brasília, v. 40, n. 2, p. 125-144, maio/ago. 2011. Disponível em: <https://revista.ibict.br/ciinf/article/view/1306/1484>. Acesso em: 16 ago. 2022.

ARAGÃO, D. F. **Crimes cibernéticos na pós-modernidade**: direitos fundamentais e a efetividade da investigação criminal de fraudes bancárias eletrônicas no Brasil. 125 f. Dissertação (Mestrado em Direito e Instituições do Sistema de Justiça) – Universidade Federal do Maranhão, São Luís, 2015. Disponível em: <https://tedebc.ufma.br/jspui/bitstream/tede/667/1/Dissertacao-%20DavidFariasAragao.pdf>. Acesso em: 16 ago. 2022.

A SALA CPD é a melhor solução para os dados do seu negócio? **Hostdime**, 4 mar. 2021. Disponível em: <https://hostdime.com.br/sera-que-a-sala-cpd-e-a-melhor-solucao-para-o-processamento-de-dados-do-seu-negocio/>. Acesso em: 16 ago. 2022.

AUGUSTIN, E. S. **Planejamento pessoal e sua ligação com o planejamento estratégico organizacional**. 163 f. Dissertação (Mestrado em Engenharia de Produção) – Universidade Federal de Santa Maria, Santa Maria, 2008. Disponível em: <https://repositorio.ufsm.br/bitstream/handle/1/8076/EZIANESAMARAAUGUSTIN.pdf?sequence=1&isAllowed=y>. Acesso em: 16 ago. 2022.

AZEVEDO, A. L. V. de; RICCIO, V.; RUEDIGER, M. A. A utilização das estatísticas criminais no planejamento da ação policial: cultura e contexto organizacional como elementos centrais à sua compreensão. **Ciência da Informação**, Brasília, v. 40, n. 1, p. 9-21, jan./abr. 2011. Disponível em: <https://www.scielo.br/scielo.php?script=sci_arttext&pid=S0100-19652011000100001#:~:text=O%20policiamento%20orientado%20%C3%A0%20intelig%C3%AAncia%20%C3%A9%20um%20modelo%20gerencial%20e,facilite%20a%20redu%C3%A7%C3%A3o%20do%20crime>. Acesso em: 16 ago. 2022.

BAARS, H. et al. **Fundamentos de segurança da informação**: com base na ISO 27001 e na ISO 27002. Rio de Janeiro: Brasport, 2018.

BALUÉ, I. G.; NASCIMENTO, M. S. O. Proteção do conhecimento: uma questão de contrainteligência de Estado. In: ENCONTRO NACIONAL DE ESTUDOS ESTRATÉGICOS, 7., 2007, **Anais**... Brasília, DF: Gabinete de Segurança Institucional da Presidência da República, 2007.

BARBOSA, M. M. **Neutralidade de rede**: sistematização da produção acadêmica e seu reflexo na discussão política sobre o Marco Civil da

Internet. 145 f. Dissertação (Mestrado em Comunicação) – Universidade de Brasília, Brasília, 2015. Disponível em: <https://repositorio.unb.br/bitstream/10482/19292/1/2015_MarceloMendesBarbosa.pdf>. Acesso em: 16 ago. 2022.

BIANCO, N. R. D.; BARBOSA, M. M. O Marco Civil da Internet e a neutralidade de rede: dilemas, debates e impasses relacionados a este princípio na tramitação do projeto de lei. **Revista Eptic**, v. 17, n. 1, p. 5-19, 2015. Disponível em: <https://seer.ufs.br/index.php/eptic/article/view/3340/pdf>. Acesso em: 16 ago. 2022.

BRASIL. Câmara dos Deputados. Projeto de Lei n. 4.060, de 2012. Dispõe sobre o tratamento de dados pessoais, e dá outras providências. **Câmara dos Deputados**, Brasília, DF, 2012. Disponível em: <https://www.camara.leg.br/proposicoesWeb/prop_mostrar integra;jsessionid=C0E44170074DD322F10F018D9231CE5D. proposicoesWeb2?codteor=1007738&filename=Avulso+-PL+4060/2012>. Acesso em: 16 ago. 2022.

BRASIL. Câmara dos Deputados. Projeto de Lei n. 5.276, de 2016. Dispõe sobre o tratamento de dados pessoais para a garantia do livre desenvolvimento da personalidade e da dignidade da pessoa natural. **Câmara dos Deputados**, Brasília, DF, 2016. Disponível em: <https://www.camara.leg.br/proposicoesWeb/prop_mostrari ntegra;jsessionid=62B6CCB8D15F03BD169F7421D3CDB6EE. proposicoesWeb1?codteor=1457971&filename=Avulso+-PL+5276/2016>. Acesso em: 16 ago. 2022.

BRASIL. Decreto-Lei n. 3.689, de 3 de outubro de 1941. **Diário Oficial da União**, Poder Executivo, Brasília, DF, 13 out. 1941. Disponível em: <http://www.planalto.gov.br/ccivil_03/decreto-lei/del3689compilado.htm>. Acesso em: 16 ago. 2022.

BRASIL. Decreto n. 5.609, de 9 de dezembro de 2005. **Diário Oficial da União**, Poder Executivo, Brasília, DF, 12 dez. 2005. Disponível em: <http://www.planalto.gov.br/ccivil_03/_ato2004-2006/2005/decreto/D5609.htm>. Acesso em: 16 ago. 2022.

BRASIL. Decreto-Lei n. 2.848, de 7 de dezembro de 1940. **Diário Oficial da União**, Poder Executivo, Brasília, DF, 31 dez. 1940. Disponível em: <http://www.planalto.gov.br/ccivil_03/decreto-lei/del2848compilado.htm>. Acesso em: 16 ago. 2022.

BRASIL. Lei n. 8.078, de 11 de setembro de 1990. **Diário oficial da União**, Poder Legislativo, Brasília, DF, 12 set. 1990. Disponível em: <http://www.planalto.gov.br/ccivil_03/leis/l8078compilado.htm>. Acesso em: 16 ago. 2022.

BRASIL. Lei n. 12.965, de 23 de abril de 2014. **Diário Oficial da União**, Poder Legislativo, Brasília, DF, 24 abr. 2014. Disponível em: <http://www.planalto.gov.br/ccivil_03/_ato2011-2014/2014/lei/l12965.htm>. Acesso em: 16 ago. 2022.

BRASIL. Lei n. 9.883, de 7 de dezembro de 1999. **Diário Oficial da União**, Poder Legislativo, Brasília, DF, 8 dez. 1999. Disponível em: <http://www.planalto.gov.br/ccivil_03/leis/l9883.htm>. Acesso em: 16 ago. 2022.

BRASIL. Senado Federal. Projeto de Lei n. 330, de 2013. Dispõe sobre a proteção, o tratamento e o uso dos dados pessoais, e dá outras providências. **Senado Federal**, Brasília, DF, 2013. Disponível em: <https://www25.senado.leg.br/web/atividade/materias/-/materia/113947>. Acesso em: 16 ago. 2022.

BRASIL. Senado Federal. Projeto de Lei n. 53, de 2018. Dispõe sobre o tratamento de dados pessoais e altera a Lei n. 12.965, de 23 de abril de 2014. **Senado Federal**, Brasília, DF, 2018. Disponível em: <https://www25.senado.leg.br/web/atividade/materias/-/materia/133486>. Acesso em: 16 ago. 2022.

BRASIL. Agência Brasileira de Inteligência. **Ameaças**. 20 out. 2021. Disponível em: <https://www.gov.br/abin/pt-br/acesso-a-informacao/acoes-e-programas/PNPC/ameacas>. Acesso em: 16 ago. 2022.

BRASILEIRO, J. G. **Significados atribuídos ao cyberbullying envolvendo adolescentes**: subsídios para educação e saúde no contexto escolar. 131 f. Dissertação (Mestrado em Saúde da Criança e do Adolescente) – Universidade Federal de Pernambuco, Recife, 2016. Disponível em: <https://repositorio.ufpe.br/bitstream/123456789/18651/1/DISSERTA%c3%87%c3%83O%20VERS%c3%83O%20FINAL%20-%20Significados%20atribu%c3%addos%20ao%20CB%20-%20Juliene%20Brasileiro.pdf>. Acesso em: 16 ago. 2022.

CARDOSO, D. B. **Política de segurança da informação para o Departamento de Segurança da Faculdade do Conhecimento**. 87 f. Trabalho de Conclusão de Curso (Curso de Tecnologia de Segurança da Informação) – Faculdades Integradas Promove de Brasília, Guará, DF, 2013. Disponível em: <http://nippromove.

hospedagemdesites.ws/anais_simposio/arquivos_up/documentos/artigos/ aa7ca5af64a0241839da284feae87f2f.pdf>. Acesso em: 16 ago. 2022.

CARDOSO, V. V. C. **Proteção do conhecimento sensível no Brasil**: medidas contra sabotagem, espionagem estrangeira e outras ameaças. 60 f. Monografia (Especialização em Inteligência de Segurança) – Universidade do Sul de Santa Catarina, Brasília, DF, 2017. Disponível em: <https:// repositorio.animaeducacao.com.br/bitstream/ANIMA/11974/1/AD05A_ VICTORVIANA.pdf>. Acesso em: 16 ago. 2022.

CARPENTIERI, J. R. A Abin e o que restou da ditadura: o problema do controle das forças coercitivas do Estado brasileiro. **Dilemas: Revista de Conflito e Controle Social**, v. 10, n. 2, p. 323-351, maio/ago. 2017. Disponível em: <https://revistas.ufrj.br/index.php/dilemas/article/ view/10600>. Acesso em: 16 ago. 2022.

CISCO Catalyst 9400 Series Switch Data Sheet. **Cisco.** 14 jul. 2022. Disponível em: <https://www.cisco.com/c/en/us/products/collateral/ switches/catalyst-9400-series-switches/nb-06-cat9400-ser-data-sheet-cte-en.html>. Acesso em: 16 ago. 2022.

CORREA, H. S. **Inteligência de segurança pública**: o perfil profissional e suas competências. 114 f. Dissertação (Mestrado em Ciências Sociais) – Instituto Superior de Ciências Policiais e Segurança Interna, Lisboa, 2017. Disponível em: <https://comum.rcaap.pt/handle/10400.26/25252>. Acesso em: 16 ago. 2022.

CORRÊA, T. O que é Ciclo PDCA e como ele pode melhorar seus processos. **Siteware**, 19 maio 2022. Disponível em: <https://www.siteware.com.br/ metodologias/ciclo-pdca/>. Acesso em: 16 ago. 2022.

CÔRTES, A. M. **Processo de apoio para análise de informações em inteligência competitiva com foco em inovação**. 110 f. Dissertação (Mestrado em Tecnologia) – Universidade Tecnológica Federal do Paraná, Curitiba, 2013.

COSTA JÚNNIOR, A. M. **A história da Agência Brasileira de Inteligência**: a contrainteligência organizacional. 46 f. Trabalho de Conclusão de Curso (Especialização em Relações Internacionais) – Universidade de Brasília, Brasília, DF, 2011. Disponível em: <https://bdm. unb.br/bitstream/10483/2307/1/2011_ArnaldoMonteiroCostaJunnior.pdf>. Acesso em: 16 ago. 2022.

CRUZ, J. C. **A atividade de inteligência de segurança pública para o fortalecimento da cidadania**. 2013. 72 f. Trabalho de Conclusão de

Curso (Bacharelado em Direito) – Universidade Federal de Santa Catarina, Florianópolis, 2013. Disponível em: <https://repositorio.ufsc.br/bitstream/handle/123456789/104293/A_Atividade_de_Intelig%c3%aancia_de_Seguran%c3%a7a_P%c3%bablica_para_o_fortalecimento_da_cadadania.pdf?sequence=1&isAllowed=y>. Acesso em: 16 ago. 2022.

DUARTE, L. M. C. **Forense computacional em ambiente de rede baseado na geração de alertas de sistemas de detecção de intrusos auxiliado pela engenharia dirigida por modelos**. 114 f. Dissertação (Mestrado em Engenharia) – Universidade Federal do Maranhão, São Luís, 2012. Disponível em: <https://tedebc.ufma.br/jspui/bitstream/tede/498/1/Dissertacao%20Liana%20Mara.pdf>. Acesso em: 16 ago. 2022.

ESG – Escola Superior de Guerra. **Manual da Escola Superior de Guerra**: manual básico. ed. rev. e atual. Rio de Janeiro, 2013.

ESPUNY, H. G. **Conhecimento e gestão**: a atividade de inteligência na Polícia Civil do Estado de São Paulo. 167 f. Tese (Doutorado em Engenharia de Produção) – Universidade Paulista, São Paulo, 2016. Disponível em: <https://www.unip.br/presencial/ensino/pos_graduacao/strictosensu/eng_producao/download/eng_herbertgoncalvesespuny.pdf>. Acesso em: 16 ago. 2022.

FERNANDES, L. **Intelligence e segurança interna**. Lisboa: Instituto Superior de Ciências Policiais e Segurança Interna, 2014.

FERNANDES, M. A. **Catálogo de requisitos de segurança alinhados com o Regulamento Geral de Proteção de Dados Pessoais (UE) 2016/679**. 71 f. Dissertação (Mestrado em Engenharia Informática e de Computadores) – Instituto Superior Técnico de Lisboa, Lisboa, 2018.

FIGOLI, S. Inteligência competitiva: 10 dicas para aplicar (cases de sucesso). **Geofusion**, 3 maio 2022. Disponível em: <https://www.geofusion.com.br/blog/inteligencia-competitiva/>. Acesso em: 16 ago. 2022.

FIORILLO, C. A. P.; CONTE, C. P. **Crimes no ambiente digital**. São Paulo: Saraiva, 2017.

GOMES, C. C. **Entre a publicidade e o segredo**. O serviço secreto na democracia: funções, limites e controle. 95 f. Trabalho de Conclusão de Curso (Bacharelado em Direito) – Centro Universitário do Cerrado Patrocínio, Patrocínio, 2017. Disponível em: <https://www.unicerp.edu.br/ensino/cursos/direito/monografias/20172/ENTREAPUBLICIDADEEOSEGREDO.pdf>. Acesso em: 16 ago. 2022.

GONÇALVES, J. B. **Atividade de inteligência e legislação correlata**. 6. ed. Niterói: Impetus, 2018.

GUERREIRO, A. M. E. **Falsificação e contrafação de documentos**. A prova pericial: estudo exploratório nos Juízos Criminais do Porto. 110 f. Dissertação (Mestrado em Medicina Legal) – Universidade do Porto, Porto, 2019. Disponível em: <https://core.ac.uk/download/pdf/143392661.pdf>. Acesso em: 16 ago. 2022.

JUSTINIANO, N. F. **Terminologia e tecnologia**: um estudo de termos de crimes cibernéticos. 106 f. Dissertação (Mestrado em Linguística) – Universidade de Brasília, Brasília, DF, 2017. Disponível em: <https://repositorio.unb.br/bitstream/10482/22977/1/2016_NaraFernandaJustiniano.pdf>. Acesso em: 16 ago. 2022.

LANGE, W. C. A atividade de inteligência e sua atuação no âmbito das relações internacionais. **Universitas: Relações Internacionais**, Brasília, v. 5, n. 1/2, p. 125-141, jan./dez. 2007. Disponível em: <https://www.publicacoesacademicas.uniceub.br/relacoesinternacionais/article/view/314>. Acesso em: 16 ago. 2022.

LIMA, L. F. F. B. **Percepção de segurança em sistemas de informação e sua relação com a qualidade percebida de serviços, perfil de liderança e perfil dos seguidores, entre as diretorias do Inmetro**. 292 f. Dissertação (Mestrado Profissional em Sistema de Gestão) – Universidade Federal Fluminense, Niterói, 2006.

MACINTYRE, B. **Operação secreta**: como a Operação Mincemeat mudou o curso da Segunda Guerra Mundial. Alfragide, Portugal: D. Quixote; Leya, 2022.

MARTINS, M. de O. et al. Grafoscopia e as técnicas de falsificação de documentos. **Brazilian Journal of Development**, Curitiba, v. 5, n. 10, p. 18561-18580, set. 2019. Disponível em: <https://brazilianjournals.com/ojs/index.php/BRJD/article/view/3712/3515>. Acesso em: 16 ago. 2022.

MENDES, A. L. et al. **Fundamentos da inteligência competitiva**. Brasília: Thesaurus, 2010.

MENEZES JÚNIOR, E. E.; FERREIRA, M. R.; MARQUES, P. A. R. A. Responsabilidade cível e penal quando da falsificação material e ideológica nos atos notariais. Práticas inovadoras contra o ato ilícito. **Juris Poiesis**, ano 19, n. 21, p. 44-54, set./dez. 2016. Disponível em: <http://periodicos.estacio.br/index.php/jurispoiesis/article/viewFile/3103/1393>. Acesso em: 16 ago. 2022.

MESSIAS, L. C. da S. **Informação**: um estudo exploratório do conceito em periódicos científicos brasileiros da área de ciência da informação. 206 f. Dissertação (Mestrado em Ciência da Informação) – Universidade Estadual Paulista, Marília, 2005. Disponível em: <https://www.marilia.unesp.br/Home/Pos-Graduacao/CienciadaInformacao/Dissertacoes/messias_lcs_me_mar.pdf>. Acesso em: 16 ago. 2022.

MOREIRA, T. D. **A estrutura da atividade de inteligência no Brasil e sua eficácia no enfrentamento ao crime**. 71 f. Monografia (Especialização em Segurança Privada) – Universidade do Sul de Santa Catarina, Brasília, 2018. Disponível em: <https://repositorio.animaeducacao.com.br/handle/ANIMA/12259>. Acesso em: 16 ago. 2022.

MOREIRA, W. G. **Atividade de inteligência como ferramenta ideológica**: um estudo sobre a atuação dos serviços secretos brasileiros, entre as décadas de 1940 e 1980. 156 f. Dissertação (Mestrado em Ciências Políticas) – Centro Universitário Unieuro, Brasília, DF, 2016. Disponível em: <http://www.unieuro.edu.br/mestradocienciapolitica/images/Dissertacoes/mestrado/dissertac%20a%20o%20waldicharbel%20atividade%20de%20inteligncia%20como%20ferramenta%20ideolgica.pdf>. Acesso em: 16 ago. 2022.

OLIVEIRA, G. D.; MOURA, R. K. G. de; ARAÚJO, F. de A. N. G. de. Gestão da segurança da informação: perspectivas baseadas na tecnologia da informação. In: ENCONTRO REGIONAL DE ESTUDANTES DE BIBLIOTECONOMIA, DOCUMENTAÇÃO, CIÊNCIAS E GESTÃO DA INFORMAÇÃO, 15., 2012, **Anais**... São Luís: EREBD, 2012. Disponível em: <https://periodicos.ufmg.br/index.php/moci/article/view/17382/14164>. Acesso em: 16 ago. 2022.

O QUE É infraestrutura de chaves públicas? **Qualitycert**, 27 out. 2020. Disponível em: <https://qualitycert.com.br/o-que-e-infraestrutura-de-chaves-publicas/>. Acesso em: 16 ago. 2022.

O QUE É um firewall? **Cisco**. 2022. Disponível em: <https://www.cisco.com/c/pt_br/products/security/firewalls/what-is-a-firewall.html>. Acesso em: 16 ago. 2022.

PASSOS, A. **Inteligência competitiva para pequenas e médias empresas**: como superar a concorrência e desenvolver um plano de marketing para sua empresa. São Paulo: LTE, 2013.

PAULA, G. **Atividade de inteligência de segurança pública**: um modelo de conhecimento aplicável aos processos decisórios para a Prevenção e Segurança no Trânsito. 295 f. Tese (Doutorado em Engenharia e Gestão do Conhecimento) – Universidade Federal de Santa Catarina, Florianópolis, 2013. Disponível em: <https://repositorio.ufsc.br/handle/123456789/107351>. Acesso em: 16 ago. 2022.

PEIXOTO, S. C. **A eficiência da descentralização na computação forense do Departamento de Polícia Técnica do Estado da Bahia**. 143 f. Dissertação (Mestrado em Administração) – Fundação Getulio Vargas, Escola Brasileira de Administração Pública e de Empresas, 2012. Disponível em: <https://bibliotecadigital.fgv.br/dspace/bitstream/handle/10438/9805/DISSERTA%C3%87%C3%83O%20COMPLETA%20-%20SAULO%2026-04-2012.pdf>. Acesso em: 16 ago. 2022.

PERDIGÃO, F. M. **Modelo de inteligência competitiva para empresas fabricantes de máquinas e equipamentos agrícolas**. 164 f. Tese (Doutorado em Engenharia Agrícola) – Universidade Estadual de Campinas, Campinas, 2018. Disponível em: <https://1library.org/document/zwkx78gz-modelo-inteligencia-competitiva-empresas-fabricantes-maquinas-equipamentos-agricolas.html>. Acesso em: 16 ago. 2022.

REIS, F. M. dos. Forense computacional: técnicas para preservação de evidências em coleta e análise de artefatos. **Brasil Escola**. Disponível em: <https://monografias.brasilescola.uol.com.br/computacao/forense-computacional-tecnicas-para-preservacao-evidencias-coleta-analise-artefatos.htm#:~:text=O%20uso%20de%20equipamentos%20computacionais,18)>. Acesso em: 16 ago. 2022.

RICCIO, E. L. **Segurança em processamento de dados**. 105 f. Dissertação (Mestrado em Administração) – Faculdade de Economia, Administração e Contabilidade, Universidade de São Paulo, São Paulo, 1981. Disponível em: <https://www.teses.usp.br/teses/disponiveis/12/12133/tde-13012009-221328/publico/Dissertacao_de_Mestrado_Edson_Luiz_Riccio.pdf>. Acesso em: 16 ago. 2022.

ROCHA, H. M. **Confiabilidade**: volume único. Rio de Janeiro: Fundação Cecierj, 2019. Disponível em: <https://canal.cecierj.edu.br/012019/045c5a34c05a40845302a180fc41dad5.pdf>. Acesso em: 16 ago. 2022.

RODRIGUES, M. Conheça as 5 maiores multas de GDPR (incluindo uma de R$ 4,3 milhões). **Tecmasters**, 21 fev. 2022. Disponível em: <https://tecmasters.com.br/conheca-5-maiores-multas-gdpr-43-milhoes/>. Acesso em: 16 ago. 2022.

SANTOS, I. M. **A ciência da informação e a inteligência de Estado**: um estudo de caso do Programa Nacional de Proteção do Conhecimento Sensível da Agência Brasileira de Inteligência. 110 f. Dissertação (Mestrado em Ciência da Informação) – Universidade Federal de Minas Gerais, Belo Horizonte, 2016. Disponível em: <https://repositorio.ufmg.br/bitstream/1843/BUOS-AV2FKE/1/isabella_santos_a_ci_ncia_da_informa__o_e_a_intelig_ncia_de_estado.pdf>. Acesso em: 16 ago. 2022.

SILVA, C. R. **Aplicações das operações de inteligência em segurança privada**. 56 f. Monografia (Especialização em Segurança Privada) – Universidade do Sul de Santa Catarina, Recife, 2015. Disponível em: <https://repositorio.animaeducacao.com.br/bitstream/ANIMA/12258/1/Monografia%20-%20CLESSON%20ROBERTO%20DA%20SILVA.pdf>. Acesso em: 16 ago. 2022.

SILVA, E. A.; ROCHA, A. Análise forense de documentos digitais: além da visão humana. **Saúde, Ética & Justiça**, v. 16, n. 1, p. 9-17, 2011. Disponível em: <https://www.revistas.usp.br/sej/article/download/45773/49364/54781>. Acesso em: 16 ago. 2022.

SILVA, W. C. P. O estabelecimento de indicadores para a Polícia Judiciária. **Revista Brasileira de Ciências Policiais**, Brasília, v. 6, n. 2, p. 117-139, jul./dez. 2015. Disponível em: <https://periodicos.pf.gov.br/index.php/RBCP/article/view/386>. Acesso em: 16 ago. 2022.

SILVA NETO, A.; SILVEIRA, M. A. P. Gestão da segurança da informação: fatores que influenciam sua adoção em pequenas e médias empresas. **Revista de Gestão da Tecnologia e Sistemas de Informação**, v. 4, n. 3, p. 375-397, 2017. Disponível em: <https://www.scielo.br/j/jistm/a/Vx8Ypv6mDjxdYkKKrfYVgqz/abstract/?lang=pt>. Acesso em: 16 ago. 2022.

SOARES, A. P.; RIBEIRO, M. L. **A análise criminal e o planejamento operacional**. Rio de Janeiro: Riosegurança, 2008.

SOUZA, A. G. de. **O papel da inteligência na defesa nacional**: análise da importância do serviço de Inteligência, tendo como ponto principal o Programa Nacional de Proteção ao Conhecimento – PNPC. 77 f. Monografia (Bacharelado em Relações Internacionais) – Centro Universitário Uniceub, Brasília, DF, 2009. Disponível em: <https://repositorio.uniceub.br/jspui/bitstream/123456789/3401/3/20516880.pdf>. Acesso em: 16 ago. 2022.

SOUZA, J. G. S. et al. Gestão de riscos de segurança da informação numa instituição pública federal: um estudo de caso. **Revista ENIAC Pesquisa**,

v. 5, n. 2, p. 240-256, 2016. Disponível em: <https://ojs.eniac.com.br/index.php/EniacPesquisa/article/view/381>. Acesso em: 16 ago. 2022.

SOUZA, T. P. V. de. **A proteção de dados pessoais como direito fundamental e a [in]civilidade do uso de cookies**. 65 f. Trabalho de Conclusão de Curso (Bacharelado em Direito) – Universidade Federal de Uberlândia, Uberlândia, 2018. Disponível em: <https://repositorio.ufu.br/bitstream/123456789/23198/3/Prote%c3%a7%c3%a3oDadosPessoais.pdf>. Acesso em: 16 ago. 2022.

TIPOS de firewall. **Firewalls: uma maior segurança**. Disponível em: <https://www.gta.ufrj.br/grad/15_1/firewall/tiposdefirewall.html>. Acesso em: 16 ago. 2022.

TRINTA, F. A. M.; MACÊDO, R. C. de. **Um estudo sobre criptografia e assinatura digital**. set. 1998. Disponível em: <https://www.cin.ufpe.br/~flash/ais98/cripto/criptografia.htm>. Acesso em: 16 ago. 2022.

UNIÃO EUROPEIA. Parlamento Europeu. Conselho da União Europeia. Regulamento (UE) 2016/679 do Parlamento Europeu e do Conselho, de 26 de abril de 2016. **Jornal Oficial da União Europeia**, 4 maio 2016. Disponível em: <https://eur-lex.europa.eu/legal-content/PT/TXT/PDF/?uri=CELEX:32016R0679>. Acesso em: 16 ago. 2022.

VAZ, A. **A ABIN na imprensa**: dimensão dialógica da construção de uma imagem. 507 f. Tese (Doutorado em Ciências) – Universidade Federal de Pernambuco, Recife, 2009. Disponível em: <https://repositorio.ufpe.br/bitstream/123456789/7411/1/arquivo4046_1.pdf>. Acesso em: 16 ago. 2022.

VIEIRA, G. D. **Proteção de dados pessoais em práticas de profiling no setor privado**. 135 f. Dissertação (Mestrado em Direito) – Universidade Federal de Minas Gerais, Belo Horizonte, 2019. Disponível em: <https://repositorio.ufmg.br/bitstream/1843/34072/8/Gustavo%20Duarte%20Vieira%20-%20Prote%C3%A7%C3%A3o%20de%20dados%20pessoais%20em%20pr%C3%A1ticas%20de%20profiling-mesclado%281%29.pdf>. Acesso em: 16 ago. 2022.

VOCÊ sabia que existem nove tipos de inteligência? **Unisc**. 2021. Disponível em: <https://ead.unisc.br/blog/inteligencia-tipos>. Acesso em: 16 ago. 2022.

sobre o autor

Raphael Tomaz é mestre em Engenharia de Materiais pela Universidade Federal de Ouro Preto (Ufop) e graduado em Engenharia Mecânica pelo Centro Universitário do Leste de Minas Gerais (Unileste). Tem atuado como professor conteudista desenvolvendo apostilas para cursos de pós-graduação e superiores em instituições brasileiras.

Os papéis utilizados neste livro, certificados por instituições ambientais competentes, são recicláveis, provenientes de fontes renováveis e, portanto, um meio responsável e natural de informação e conhecimento.

FSC
www.fsc.org
MISTO
Papel produzido
a partir de
fontes responsáveis
FSC® C103535

Impressão: Reproset
Fevereiro/2023